Flutter. Curso práctico

Crea Apps para iOS, Android, Web y Escritorio

Flutter. Curso práctico

Crea Apps para iOS, Android, Web y Escritorio

Luis Ayala

La ley prohíbe
fotocopiar este libro

Flutter. Curso práctico. Crea Apps para iOS, Android, Web y Escritorio
Código THEMA: UMW Programación web
Código BISAC: COM051000 Computers / Programming / Web
© Luis Ayala
© De la edición: Ra-Ma 2026

Editado por:
RA-MA Editorial
Calle Jarama, 33, Polígono Industrial Igarsa
28860 PARACUELLOS DE JARAMA, Madrid
Teléfono: 91 658 42 80
Fax: 91 662 81 39
Correo electrónico: *info@grupoeditorialrama.com*
Internet: *www.ra-ma.es* y *www.ra-ma.com*
ISBN impreso: 979-13-88059-51-3
ISBN ePub: 979-13-88059-52-0
El e-book de esta obra es accesible y cumple con la norma WCAG 2.2 nivel AAA.
Depósito legal: M-3792-2026
Maquetación: Antonio García Tomé
Diseño de portada: Antonio García Tomé
Filmación e impresión: Safekat
Impreso en España en marzo de 2026

*Al profesor Edgardo Caballero
por sus enseñanzas de programación y
apoyo en mis proyectos.*

100 PROYECTOS CON FLUTTER

Accede a un paquete exclusivo con 100 proyectos totalmente ejecutables con Flutter, diseñados para que aprendas desarrollando aplicaciones modernas, funcionales y listas para el mundo profesional por 9,99€ a través de la web del libro.

¿Por qué elegir este paquete?

- ▶ Aprende haciendo: cada proyecto está pensado para desarrollar habilidades reales.
- ▶ Domina interfaces modernas, integración con APIs, bases de datos, Firebase y autenticación.
- ▶ Ahorra cientos de horas de búsqueda con ejemplos estructurados y listos para ejecutar.
- ▶ Ideal para estudiantes, desarrolladores que quieren especializarse en desarrollo móvil.
- ▶ Tendrá proyectos actualizados hechos con las últimas versiones de Flutter y Android Studio.

Qué encontrarás:

- ▶ Aplicaciones completas y funcionales.
- ▶ Código organizado siguiendo buenas prácticas.
- ▶ Ejemplos progresivos: desde apps básicas hasta desarrollos avanzados.
- ▶ Proyectos multiplataforma compatibles con iOS, Android, Windows, macOS y Web.

Adquiere tu paquete en este enlace.

ÍNDICE

ACERCA DEL AUTOR

Luis Alonso Ayala Ponce, es programador de Apps con tecnología Flutter, tiene publicadas 27 apps en Google Play y App Store.

Es escritor de libros de programación Dart, Flutter, Inteligencia Artificial y de otros temas.

Reflexión

"La vida es un bucle finito, algún día todo terminará".

Luis Ayala

INTRODUCCIÓN

Flutter es un software para desarrollo de aplicaciones con único código base para; iOS, Android, Windows, macOS, Linux y web.

El lenguaje de Flutter es Dart y el entorno de desarrollo es Android Studio, utilizado en este libro. Hay otros IDEs para Flutter, como Visual Studio Code. Si el lector prefiere, puede hacer los ejercicios en ese entorno.

Flutter, su lenguaje Dart y Android Studio son propiedad de Google, formando un ecosistema con el soporte ideal para las tareas de programación.

Flutter fue presentado en 2015 con el nombre Sky.

El 4 de diciembre del 2018 se presentó en Londres la versión de Flutter 1.0, la 2.0 se publicó en 2021 y en 2022 la versión 3.0.

La versión *33.38.7* fue publicada en enero del 2026.

Dart, el lenguaje de Flutter fue creado por Google y presentado en octubre del 2011 en Dinamarca. Es un lenguaje de programación orientado a objetos, la versión 1.0 fue publicada en noviembre del 2013, la 2.0 en 2018 y la última versión es la **3.10** publicada el 12 de noviembre del 2025.

Tiene una sintaxis parecida a C#, java y JavaScript. Y como lenguaje de POO tiene los pilares de todo lenguaje de esta categoría como ser: Herencia, Abstracción, Polimorfismo y Encapsulación.

Hay un trinomio genial para el desarrollo fácil de aplicaciones multiplataforma que son Flutter con su lenguaje Dart y el entorno de desarrollo integrado **Android Studio**.

Además de esto, se cuenta con valiosas herramientas de apoyo logístico para facilitar la programación como **dartpad.dev** el editor online para Dart, útil para probar código Dart, **pub.dev** que proporciona paquetes necesarios en el desarrollo de muchas apps.

Así que no te has equivocado, estás en el camino correcto para aprender o reforzar tus habilidades en el desarrollo de apps para Android, iOS, Windows, macOS, Linux y Web.

¡Adelante!

OBJETIVOS DEL LIBRO

El contenido de este libro está preparado para enseñar a desarrollar apps para dispositivos con sistema operativo Android, iOS, Windows, macOS, Linux y la Web.

Forma parte de una serie de 8 libros del mismo autor, sobre tecnologías Dart, Flutter y Android Studio.

1. Dart: programe fácil.
2. Dart: aprende por ejemplos.
3. Programe en Dart: preguntas y respuestas.
4. Dart a Flutter.
5. **Flutter para todos.**
6. Flutter: aprende por ejemplos.
7. Programe en Dart: preguntas y respuestas.
8. Android Studio para Flutter.

Cada libro aun perteneciendo a una serie es independiente de los otros, por lo que se puede adquirir y leer en cualquier orden.

¿A quién va dirigido?

Personas que deseen aprender a desarrollar aplicaciones multiplataformas, es decir, para diversos sistemas operativos como los mencionados en el párrafo anterior.

Los que no conocen la plataforma obtendrán el conocimiento desde cero hasta nivel principiante y los expertos encontraran cosas nuevas e interesantes porque Flutter, su lenguaje Dart y Android Studio están actualizándose constantemente.

Este libro capta los últimos cambios en estas tecnologías.

Se maneja un lenguaje sencillo que puede entenderlo desde niños de temprana edad que ya sepan leer hasta el adulto mayor que nunca haya programado y en su jubilación desee ponerle más encanto a su vida haciendo apps.

¿Cómo utilizar este libro para maximizar el aprendizaje?

Lee los conceptos teóricos, analiza el código de los ejemplos, haz los ejercicios.

Puedes leer o estudiar los temas en cualquier lugar que estés, incluso en receso en tu trabajo o mientras viajas.

Hazte preguntas y responde sobre las explicaciones y sobre los ejemplos.

Trata de memorizar y explicar con tus propias palabras conceptos fundamentales.

Si estas en casa o en cualquier lugar donde tengas una computadora disponible y configurada para programar en Flutter, haz los ejercicios y ejemplos.

Adquiere y lee los otros libros de la serie para reforzar tus conocimientos teóricos y prácticos sobre el desarrollo de apps.

La constancia en lectura y práctica es la base de tu avance en tu camino en el aprendizaje para desarrollo de apps en Flutter.

## 1

PREPARANDO EL ENTORNO DE DESARROLLO

Objetivo

Conocer e instalar el hardware, software y herramientas necesarias para programar en macOS y Windows.

Introducción

En este capítulo conocerás el hardware, software y herramientas necesarias para programar en Flutter, es decir el equipo y programas necesarios para el desarrollo de apps en Flutter.

Si vas a desarrollar apps para Android debes hacerlo en computadora con Windows. Si es para iPhone, debe ser en computadora macOS.

Al desarrollar, aplicaciones para iPhone, las pruebas debes hacerlas en móviles iPhone y para Android será en dispositivos Android.

Debes tener conexión a internet para descargar los programas necesarios para el desarrollo de apps.

Programar en Windows

1. Computadora Windows.

2. Sistema operativo Windows 10 ó posterior, x86_64 CPU Cores.

3. Tener instalada la herramienta Windows PowerShell 5, ya viene incluida en Windows 10 y posterior.

4. Tener instalado el Git para Windows 2.27 o posterior.

   Para saber si tienes el Git en tu maquina ejecuta en la consola el comando.

   Git --versión.

   Si está instalado mostrará la versión.

Git versión 2.52.0.windows.1

Si no está instalado, ve a la página de descarga y selecciona macOS o Windows según tu computadora.

https://git-scm.com/downloads.

Descargarlo y seguir las instrucciones para instalarlo.

5. Memoria disponible en disco, mínimo 11 GB, ideal 60 GB.

6. Memoria RAM mínima 8 GB, ideal 16 GB o más.

7. Dispositivos móviles físicos Android (teléfonos) con diferentes modelos, tamaño y resolución de pantallas, para probar las apps.

8. Resolución de pantalla en pixeles: fHD (1920 x 1080) ideal y WXGA (1366 x 768).

9. Descargar Android Studio para Windows, ultima version desde la página de Android.

   https://developer.android.com/studio?hl=es-419.

10. Descargar Flutter para Windows desde la página de Flutter.

    https://storage.googleapis.com/flutter_infra_release/releases/stable/windows/ flutter_windows_3.29.1-stable.zip.

Encontraras varias opciones que debes elegir según tu máquina y si vas a programar en Windows o macOS.

Escoge aquí el sistema operativo en que vas a desarrollar.

Si son Apps para móviles Android elija Android.

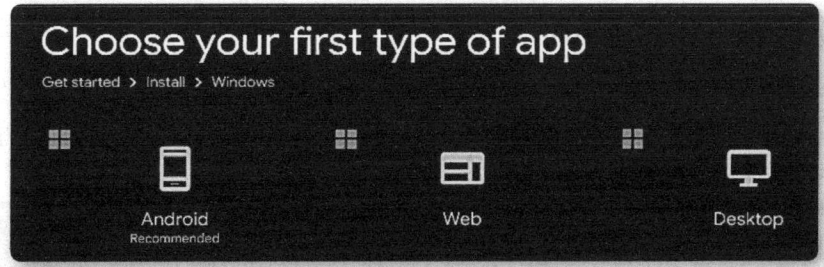

Seleccione uno u otro dispositivo.

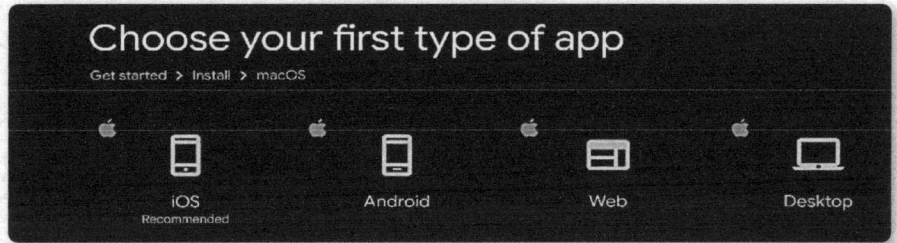

Recuerda para iOS programar en macOS, para Android programar en Windows.

Si programas en Windows descarga la última versión de Flutter para Windows.

Al momento de la actualización de este libro la versión para Windows es:

flutter_windows_3.38.7-stable.zip

Si programas en macOS descarga la última versión de Flutter para macOS.

Apple Silicon (ARM64)	Intel
flutter_macos_arm64_3.38.7-stable.zip	flutter_macos_3.38.7-stable.zip

Instalación de Flutter

Sigue los pasos que muestra el asistente para la instalación de Flutter.

Instalación de Dart

No es necesario descargar Dart por separado porque Flutter ya lo incluye. Solo descargaras los Plugin Dart y Flutter desde Android Studio.

Instalación de Android Studio

Lo haces desde este sitio: *https://developer.android.com/studio?hl=es-419*

Te mostrará una pantalla donde elegirás la descarga recomendada para Windows o para MAC

Descargas de Android Studio

Descarga la versión más reciente de Android Studio. Para obtener más información, consulta las notas de la versión de Android Studio.

Plataforma	Paquete de Android Studio	Tamaño	Suma de comprobación SHA-256
Windows (64 bits)	android-studio-2025.2.2.8-windows.exe Recomendado	1.4 GB	3acc0587882f81261714098e440673f44de2ecaf75e9f005b334ec5fd2d29da8
Windows (64 bits)	android-studio-2025.2.2.8-windows.zip Sin instalador .exe	1.5 GB	d63603d6bbc433484b4059060319cc116a50c9bdf0d37610dd83ac68d77a1294
Mac (64 bits)	android-studio-2025.2.2.8-mac.dmg	1.5 GB	aa1bb1027fe0999b3154a9f017c30eaa7fe56b59afaf7640e9ff72a361ab047f

Más adelante hay más explicaciones acerca de Android Studio, el entorno de desarrollo integrado que usamos en este libro.

Instalación de Visual Studio Community 2026

Es necesario tener instalado este software para crear aplicaciones web, en la nube, de escritorio y móviles. A continuación el link de descarga.

https://visualstudio.microsoft.com/es/downloads/

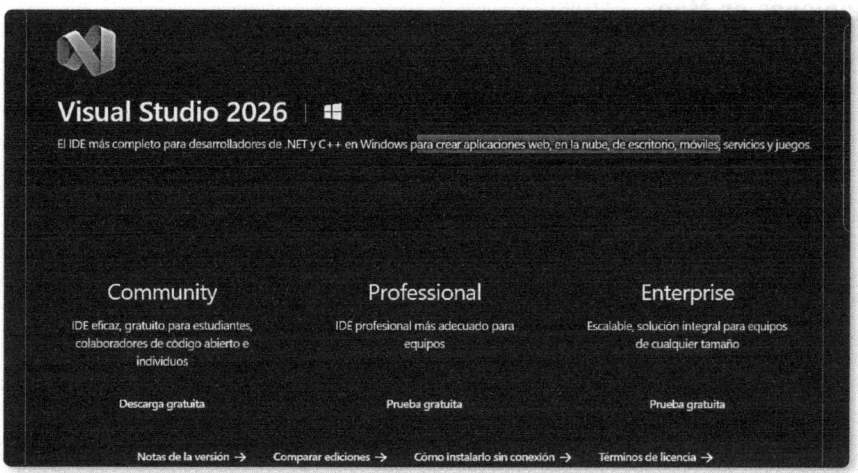

Instalación del JDK de java

Descargar JDK de java desde la página de Oracle.

*https://www.oracle.com/java/technologies/downloads/#jdk25-windows
Programar en.*

Lo llevará a otra pantalla en donde busca la versión para Windows o Mac:

https://www.oracle.com/java/technologies/downloads/#jdk25-windows

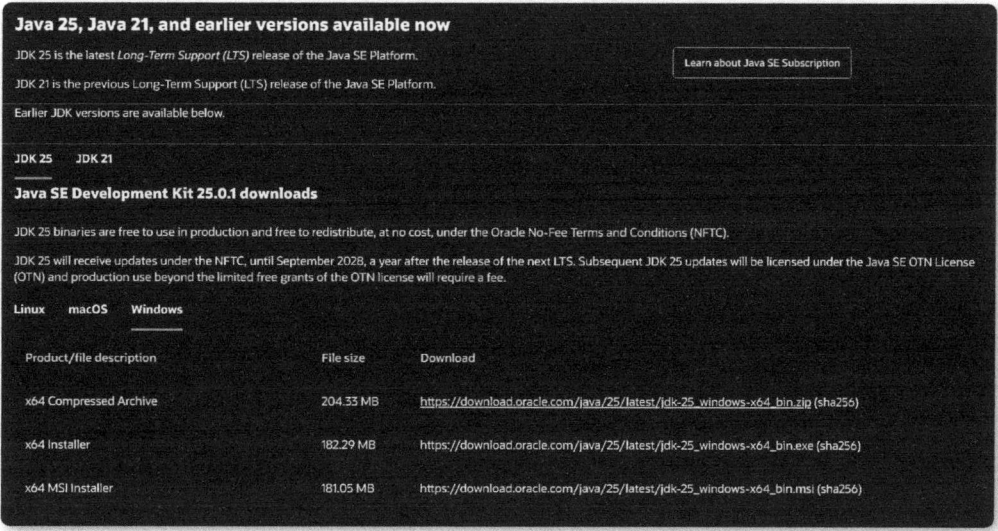

Instalaciones en Mac

1. Computadora macOS.
2. Sistema operativo macOS 11 (Big Sur) o posterior.
3. Memoria disponible en disco, mínimo 44 GB, ideal 70 GB.
4. CPU Cores, ideal 8, mínimo 4.
5. Instalar Rosseta 2 ejecutando el siguiente comando.
6. Sudo softwareupdate --install-rosetta --agree-to-license.
7. Instalar Xcode 16 o última versión.
8. Instalar CocoaPods 1.16 o última versión.
9. Acceso a Internet.
10. Descargar Android Studio para macOS, última versión desde la página de Android.
11. Descargar Flutter para macOS desde la página de Flutter.

    https://docs.flutter.dev/get-started/install/macos/mobile-ios.

La descarga será de acuerdo al procesador que tenga tu máquina.

Configuración de Flutter para iOS en macOS

Luego de la descarga, para la instalación sigue los pasos correspondientes que se encuentran en la documentación de Flutter.

En el siguiente enlace encontraras las instrucciones más detalladas.

https://docs.flutter.dev/get-started/install/macos/mobile-ios.

Acciones para instalación y configuración

1. Instala los programas descargados si es que aún no lo has hecho.

   Para Windows: android Studio, Flutter, Visual Studio Community 2022, JDK de Java.

   Para macOS: android Studio, Flutter, Rosetta, Xcode, CocoaPods.

   Busca siempre las últimas versiones.

2. **Configurar la variable de entorno JAVA_HOME:**
   - Haz clic derecho en el botón "Inicio" y selecciona "Sistema".
   - En el menú que se muestra, haz clic en "Configuración avanzada del sistema".
   - En la ventana "Propiedades del sistema", haz clic en el botón "Variables de entorno".

- En la sección "Variables del sistema", verifica si existe la variable JAVA_ HOME. Si no existe, créala:
  - Haz clic en el botón "Nueva".
  - En "Nombre de la variable", escribe JAVA_HOME.
  - En "Valor de la variable", escribe la ruta de instalación del JDK (por ejemplo: c:\Program Files\Java\jdk-17).
  - Haz clic en "Aceptar".

3. **Configurar la variable de entorno Path:**
   - En la sección "Variables del sistema" de la ventana" Variables de entorno", busca la variable Path.
   - Haz clic en "Editar".
   - Haz clic en "Nuevo" y agrega la ruta de la carpeta bin del SDK de Flutter (por ejemplo: c:\flutter\bin).

> ⓘ **Nota**
>
> Debes ir a la carpeta donde instalaste Flutter y allí buscas el bin copias la ruta del bien y eso es lo que copiaras en la variable Path, no tienes que borrar las variables que ya están, solo debes poner punto y coma ";" al final de la última variable y luego agrega la ruta del bin de Flutter.

- Haz clic en "Aceptar" en todas las ventanas abiertas para guardar los cambios.

4. **Ejecutar flutter doctor:**
   - Abre la consola de PowerShell.
   - Ejecuta el comando flutter doctor en la consola para verificar la instalación de Flutter y sus dependencias.
     Flutter doctor.
     El doctor hará un diagnóstico.

```
git version 2.32.0.windows.1
PS C:\Users\luisa> flutter doctor
Downloading package sky_engine...                          397ms
Downloading package flutter_gpu...                         104ms
Downloading flutter_patched_sdk tools...                   614ms
Downloading flutter_patched_sdk_product tools...           425ms
Downloading windows-x64 tools...                           2.917ms
Downloading windows-x64/font-subset tools...               201ms
Doctor summary (to see all details, run flutter doctor -v):
[√] Flutter (Channel stable, 3.38.7, on Microsoft Windows [Versión 10.0.26200.7462], locale es-HN)
[√] Windows Version (11 Home Single Language 64-bit, 25H2, 2009)
[√] Android toolchain - develop for Android devices (Android SDK version 36.1.0)
[√] Chrome - develop for the web
[√] Visual Studio - develop Windows apps (Visual Studio Community 2022 17.7.4)
[√] Connected device (3 available)
[√] Network resources

• No issues found!
PS C:\Users\luisa>
```

El doctor Flutter te dará un reporte del estado de todo tu entorno de desarrollo. En el caso que muestra la imagen, no hay errores, todo está instalado y configurado correctamente.

- Si el informe del doctor indica que faltan herramientas o acciones por realizar, sigue las instrucciones para completar la instalación.

5. **Instalar los plugin Flutter y Dart en Android Studio:**

   Es requisito para instalar los Plugin Dart y Flutter tener instalado Android Studio. Flutter, Visual Studio 2022 o 2026

   - Abre Android Studio.

- Ve a File > Settings > Plugins.
- Busca los plugins "Flutter" y "Dart" en el Marketplace e instálalos.

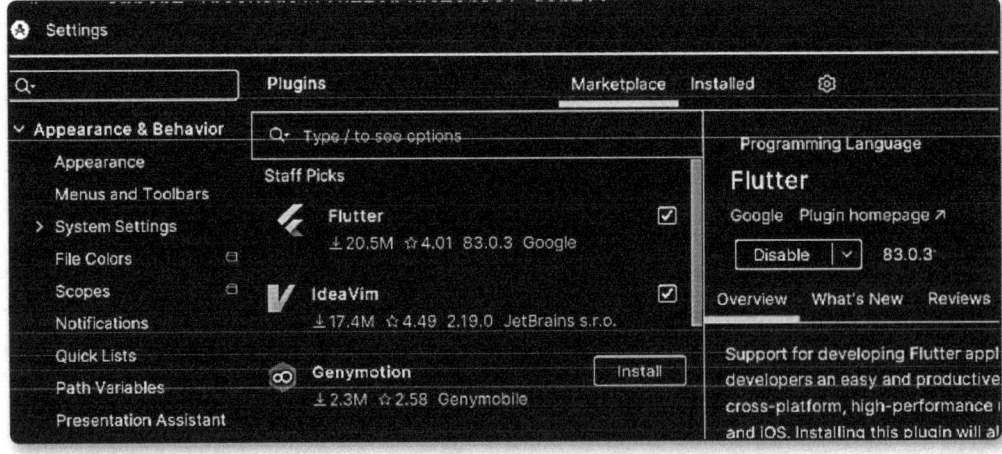

Los plugins de Dart y Flutter debes agregarlos cuando ya instalaste Android Studio y te vas a File, Setting, Plugins, Marketplace y luego directamente o en el buscador encontrar los plugins Dart y Flutter y luego los instalas.

En macOS la ruta para instalar Plugins es File→preferences→Plugin→luego buscar los plugins Dart y Flutter.

Finalizados todos los procedimientos de instalación indicados, tu máquina debería estar lista para actividades de programación, compruébalo con el comando flutter doctor en la consola y también verificar si aparece la opción para desarrollo de proyectos flutter en el menú File, New, New Flutter Project.

6. **Verificar la instalación:**

   Si las herramientas están bien instaladas al abrir el menú File o archivo, podrás ver al dar clic en New, la opción New Flutter Project.

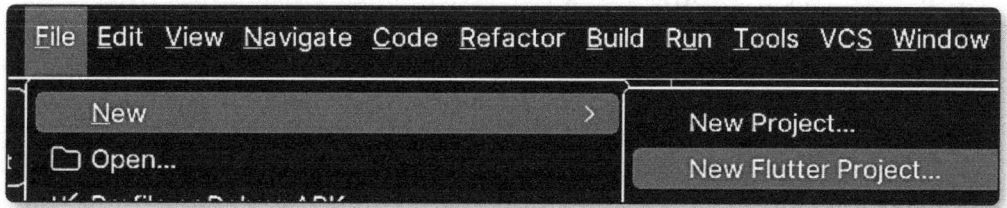

Es la opción para crear nuevo proyecto de Flutter.

Instalación en macOS

Las herramientas para desarrollo en macOS varían un poco en relación a Windows, no obstante todo es intuitivo y las instrucciones fácil de seguir.

Para esta tarea te recomiendo sigas las instrucciones directamente de la documentación oficial, es más recomendable porque las formas y herramientas se cambian y actualizan con frecuencia.

Resumen

En este capítulo, se mostró cómo instalar y configurar las herramientas necesarias para desarrollar aplicaciones Flutter en Android Studio, tanto en Windows como en macOS. Se explicó cómo verificar la instalación de Flutter y sus dependencias con el comando flutter doctor y se enseñó a instalar los plugins necesarios en Android Studio. Además, se instruyó para la instalación de Visual Studio Community 2026 o 2022 para el desarrollo en Windows.

Ya sabes que para programar para iPhone se necesita computadora macOS y para móviles Android se necesita computadora Windows.

Preguntas

1. ¿Cuáles son las herramientas esenciales para desarrollar aplicaciones Flutter en Windows?

2. ¿Cuáles son las herramientas esenciales para desarrollar aplicaciones Flutter en macOS?

3. ¿Cómo se instala el SDK de Flutter en Windows?

4. ¿Cómo se configura la variable de entorno JAVA_HOME?

5. ¿Cómo configurar la variable entorno PATH?

6. ¿Cómo se verifica la instalación de Flutter y sus dependencias?

7. ¿Por qué es necesario instalar Visual Studio 2022 o 2026 para desarrollar aplicaciones Flutter en Windows?

8. ¿Qué diferencia hay entre las herramientas para programar en iOS y Android?

9. ¿Para qué sirve el comando flutter doctor?

Ejercicios

1. Instala Android Studio, Visual Studio conmunity 2022 o 2026 (solo en Windows), el SDK de Flutter y las herramientas necesarias en tu sistema operativo.

2. Ejecuta el comando **flutter doctor** y verifica que todas las dependencias estén instaladas correctamente.

3. Crea un nuevo proyecto Flutter en Android Studio.

4. Usando un comando en la consola revisa si tienes instalado el Git para Windows.

5. Revisa qué variables de entorno hay instaladas y comprueba si están las variables de entorno PATH con la ruta del bin de Flutter y la variable de entorno JAVA_HOME con la variable del JDK.

2

CONFIGURAR ANDROID STUDIO

Objetivos

1. Continuar configuración del entorno de desarrollo.
2. Instalar las herramientas necesarias para desarrollo.
3. Crear emuladores en Device Manager.
4. **Configurar teléfonos reales para desarrollo.**

Introducción

Las herramientas básicas para programar en Android Studio son: el software Android Studio que nos proporcionará el IDE (Integrated Development Environment) o entorno de desarrollo integrado, el JDK de java (Java Development kit) o Kit de Desarrollo de Java, el SDK Flutter que incluye el lenguaje Dart. Además se necesita para programar en Windows tener instalado Visual Studio Community 2022 o 2026.

Hacer algunas configuraciones en el equipo y tener conexión a internet para descargar las herramientas de soporte de Android Studio, así como las frecuentes actualizaciones.

Se ocupa computadora macOS para programar para iPhone y computadora Windows para hacerlo para Android.

Probar o ejecutar la aplicación

Las aplicaciones se pueden probar en el mismo emulador, en el navegador Edge o Chrome o en un dispositivo real.

Configurar el dispositivo móvil para probar aplicaciones.

En la configuración de tu teléfono. Habilita Opciones de desarrollador en Seguridad.

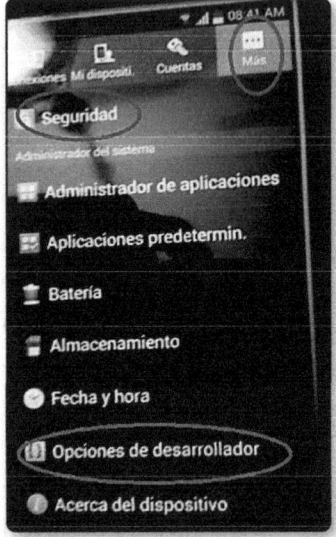

También debe estar habilitada la Depuración de USB.

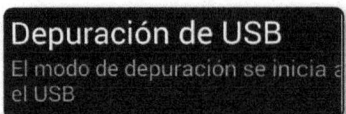

En algunos teléfonos, las opciones de desarrollador están ocultas. Por lo que debes dar clic 7 veces sobre el número de compilador del teléfono para que se muestre; el cual se encuentra en la sección Seguridad en la configuración de tu móvil.

Algunos modelos de móviles ya traen habilitados el modo desarrollador.

Si aun así tu dispositivo no es visible en el IDE, deberás revisar en tu teléfono, las opciones de seguridad y habilitar la que permita la depuración e instalación de app externas.

Configuración del Emulador, o simulador de móvil

Los proyectos en Flutter se pueden probar en dispositivos móviles, en emuladores que la plataforma trae entre sus paquetes o en emuladores externos. También en navegadores Chrome, Edge y Windows para escritorio.

Para usar los emuladores de Android estudio y Flutter es necesario que el pc tenga tecnología de virtualización. Condición que las computadoras modernas ya traen.

Para usar emuladores externos(es decir software que hay para servir como emuladores) es necesario configurar la variable ANDROID_HOME, además de tecnología de virtualización (VT).

Alternativa a lo anterior es usar los dispositivos móviles, se recomienda que tengas varios modelos de teléfonos de baja, media y alta gama. Si una app funciona en un teléfono de baja gama es casi seguro que lo hará también en uno de media o alta gama. Por eso debes asegurarte de que en el código fuente y recursos de la app se apunte a las API (Aplication Programing Interfaz) correspondientes para modelos antiguos y nuevos.

Para crear un emulador para depuración o prueba de proyectos, debes conocer acerca del DEVICE MANAGER, antes conocido como AVD o Android Virtual Device.

Device Manager (Dispositivo Virtual de Android) proporciona una interfaz gráfica, en la cual se crean y manejan dispositivos virtuales similares a los reales y que son requeridos por el emulador de Android.

Son indispensables para probar los proyectos y ver como estos se verían una vez terminados.

El DEVICE MANAGER antes llamado AVD permite crear varios dispositivos con diferente tipo, tamaño y resolución de pantalla.

Para abrir el DEVICE MANAGER hay varias opciones:

Clic en el icono con forma de rejilla en la esquina superior izquierda, (es el que abre el menú luego abre Tool y veras el submenú Device Manager que al presionarlo mostrará la opción para crear uno o varios dispositivos virtuales.

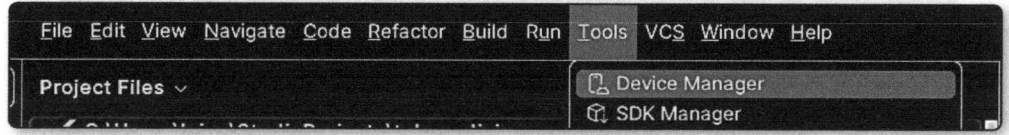

Elija Device Manager y se abre un cuadro de dialogo.

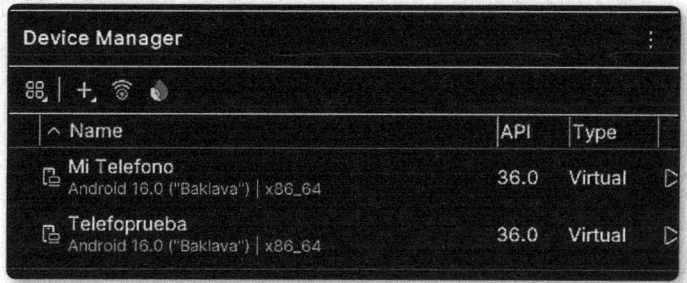

Luego muestra el cuadro de dialogo donde se ven los dispositivos disponibles que ya tienes y si no, estará vacío. En el caso de la imagen anterior se muestran dos modelos de teléfonos.

Crear un nuevo dispositivo o emulador virtual.

Clic en el icono +.

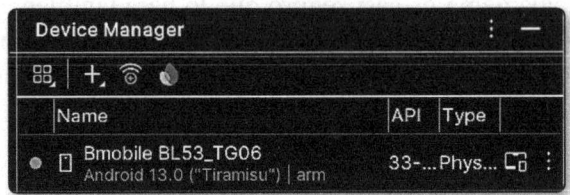

Selecciona Create Virtual Device.

En el siguiente cuadro de dialogo escoges un modelo por ejemplo Pixel 9, API 35+ y luego presiona el botón Next.

Aparece en donde debes poner el nombre al dispositivo, lo puedes dejar como está pero te puedes confundir.

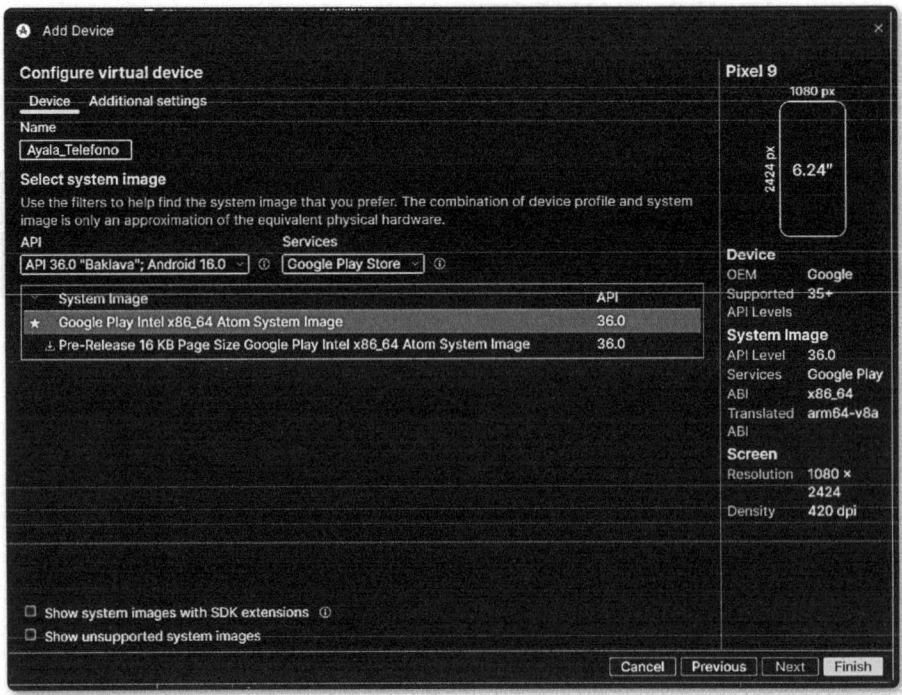

Asígnale un nombre al emulador.

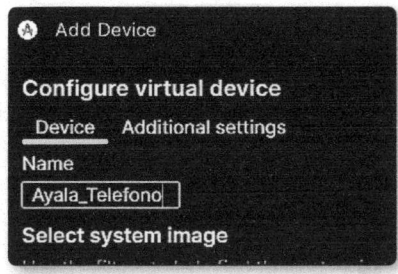

Al presionar Finish ya podrás ver en la ventana de Device Manager el dispositivo creado.

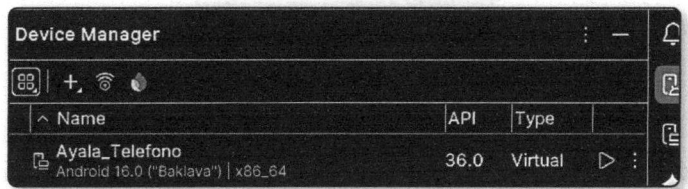

Al dar play en el icono Play.

Después de alrededor de dos minutos se mostrará un lindo emulador del móvil creado.

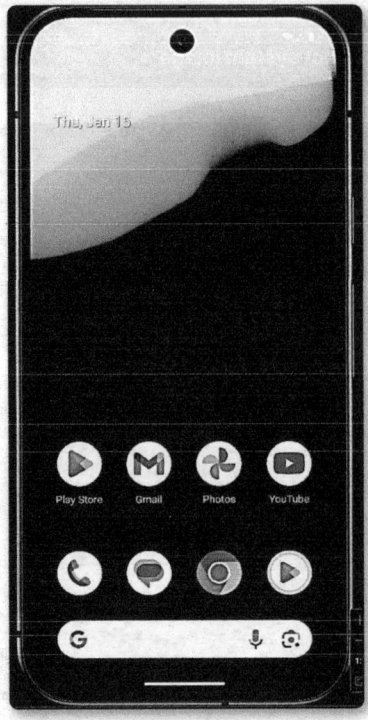

El emulador creado aparecerá en la lista de emuladores disponibles para probar proyectos.

Ayala_Telefono aparece en la lista.

Al seleccionar y dar Play y después de un tiempo de carga que es más prolongado la primera vez y luego se mostrará la app que esté en ejecución.

Resumen

En este capítulo se explicó cómo configurar los teléfonos móviles reales para actividades de desarrollo y se enseñó cómo crear emuladores de teléfonos en Device Manager.

Preguntas

1. ¿Cuáles son las formas que hay en el IDE para probar los proyectos?

2. ¿Qué es Devices Management?

3. ¿Qué navegadores aparecen en tu IDE para probar proyectos?

Ejercicios

1. En la terminal del Windows PowerShell o en la terminal de Android Studio ejecuta el comando **flutter doctor** y revisa el informe que el doctor te da.

 **Nota**

La terminal en Android Studio está abajo a la izquierda en la línea lateral de iconos.

2. Revisa si ya tienes instalado Android Studio, Flutter, Visual Studio 2022 o 2026, configurada la variable Java_Home, la variable de entorno para Flutter.

3. Crea un emulador llamado Mi Teléfono y pruébalo.

3

CONOCIENDO ANDROID STUDIO, FLUTTER Y DART

Objetivos

1. Comprender la relación entre Android Studio, Flutter y Dart.
2. Escribir el primer programa en Flutter.

Introducción

Para desarrollar aplicaciones con Flutter, es fundamental entender cómo interactúan las tres herramientas principales: Android Studio, Flutter y Dart.

Android Studio es la plataforma que proporciona el IDE (Entorno de Desarrollo Integrado), la "fábrica" donde construirás tus aplicaciones.

Flutter es el SDK (Kit de Desarrollo de Software), que proporciona las herramientas y bibliotecas necesarias para compilar y ejecutar aplicaciones en diferentes plataformas.

Flutter fue presentado en 2015, la versión 1.0 fue publicada en Londres en el año 2018 y luego han publicado varias versiones con la mejora de la capacidad en cada actualización.

Dart: el lenguaje de Flutter

Dart es el lenguaje de programación, orientado a objetos (POO), presentado el 10/10/2011 en la conferencia GOTO desarrollada en Aarhus Dinamarca.

Desarrollado por Google por los programadores Lars Bak, Kasper Lund y Gilad Bracha.

La versión 1.0 fue publicada en noviembre del 2013, y la última versión estable es la 3.7.2 publicada el 12 de marzo del 2025.

La versión Dart 3.10 beta fue publicada a finales del 2025.

Características de Dart:

- Es lenguaje de Programación Orientado a Objetos (POO).

- Sintaxis similar a C#, Java y JavaScript.

- Incluye variables, clases, funciones, operadores, métodos, constructores, expresiones de control de flujo, comentarios y bloques de código.

- Ofrece herramientas para facilitar el aprendizaje, como DartPad, un editor online que permite escribir y probar código Dart directamente en el navegador.

- Tiene la característica de Hot Reload que permite visualizar los cambios hechos en el código al instante en la interfaz.

- Su compilación es Ahead Of Time (AOT) y Just in time (JIT) la primera la implementa en tiempo de ejecución y lanzamiento y la segunda en tiempo de desarrollo y depuración.

- Tiene amplia disposición de librerías y paquetes tanto externas como internas que apoyan el desarrollo de los proyectos.

- Dart y Flutter fueron desarrollados por Google, Android Studio también pertenece a Google, lo que crea un ecosistema formidable y robusto para el desarrollo de apps con estas herramientas.

¡Hola Mundo! en Dart.

Para que te familiarices con Dart, escribe un programa que muestra el mensaje "¡Hola Mundo!" en la pantalla. Utiliza DartPad, el editor online de Dart.

1. Abre tu navegador web y ve a *https://dartpad.dev./*.

2. Borra el código que aparece por defecto.

3. Escribe el siguiente código:

```
void main() {.
    print("¡Hola Mundo!");
    }.
```

Haz clic en el botón "Run" para ejecutar el código y verás el hola mundo en la consola de DartPad.

¡Felicidades! Acabas de escribir tu primer programa en Dart.

Explicación del código:

- main() es la función principal del programa. Todo programa en Dart debe tener una función main(). Es el punto de entrada a la app y todas deben tenerla.

- print() es una función que muestra un mensaje en la consola.

- "¡Hola Mundo!" es una cadena de texto, también llamado String, que se mostrará en la pantalla.

Hola mundo en Flutter

El ejercicio anterior fue hecho en lenguaje Dart y ejecutado en dartpad, la plataforma disponible online.

Se escribió el código en el editor y al dar play se mostró el hola mundo en la consola.

Obvio que el resultado no es una app hecha en flutter, es más ni siquiera lo hemos utilizado. Es un ejemplo en Dart para mostrar el hola mundo en la consola de DartPad.

Para hacer la app en flutter que muestre el hola mundo debemos hacerlo utilizando Flutter con Android Studio. Ya sabes que Flutter incluye Dart como lenguaje de desarrollo.

Ya debes tener instalados Flutter, Android Studio, Visual Studio Community 2022 o 2026, configurado la variable Java_Home, y la variable PATH, así como las herramientas Git para Windows. Deberás tener Windows 10 o posterior, que ya traen incluido el Windows PowerShell 5.

Además debes haber instalado los plugins Dart y Flutter en el entorno de Android Studio. Finalmente al ejecutar flutter doctor no te mostrará carencias y si te dice que falta algo, resuelve y prueba nuevamente.

Es importante mencionar que una cosa es programar en Dart y otra programar en Flutter. Siempre es el mismo lenguaje, sin embargo lleva más código para crear la interfaz de usuario.

Si todo está listo vamos a desarrollar el proyecto Hola Mundo en Flutter.

Hola Mundo en Flutter, Proyecto:

Paso 1. Abre Android Studio dando clic en el icono de Android Studio que se encuentra en la barra de tareas o en el menú Inicio.

Se muestra Splash del Software de Android Studio, la cual cambia en cada versión.

Esta imagen corresponde a la versión actual de Android Studio al momento de actualización de este libro, (enero 2026).

Paso 2. Ve a File → New → New Flutter Project.

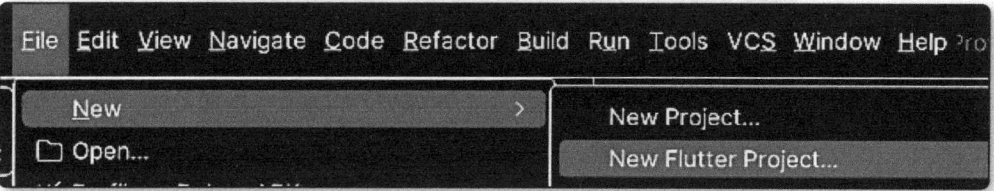

■ Paso 3. Clic en Next.

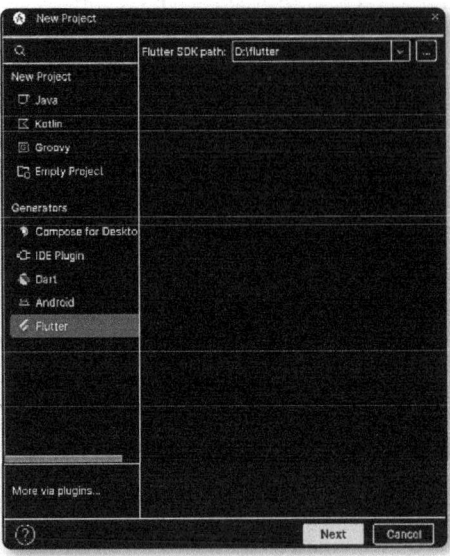

■ Paso 4. Escribe el nombre holamundo en la casilla name y luego clic en botón Create.

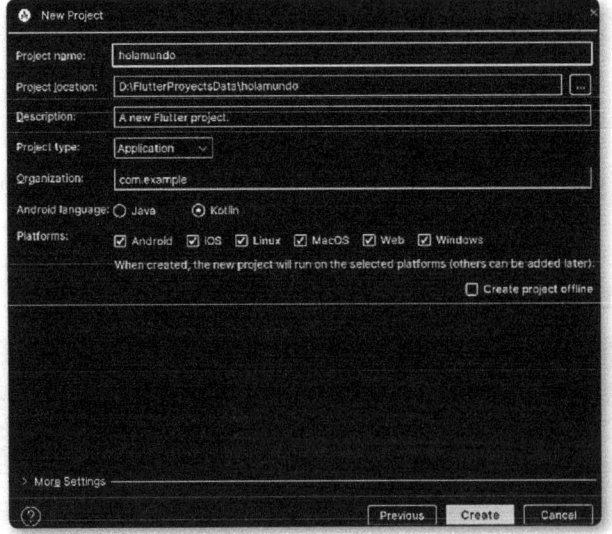

 Tip

El nombre del proyecto debe escribirse todo en minúscula, sin palabras separadas.

Flutter comienza a construir el proyecto.

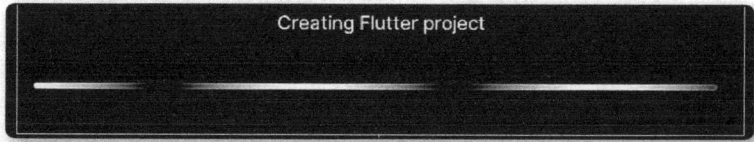

Si hay un proyecto abierto te preguntará si el nuevo lo abre en ventana actual o en otra. Si eliges This Window cerrará el actual y si eliges New Window dejará abierto el actual y abrirá el proyecto en otra ventana.

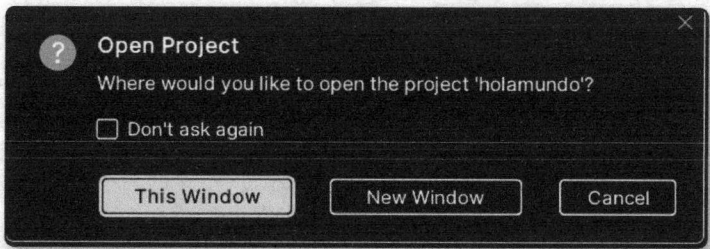

Después de un tiempo mostrará un proyecto demo preelaborado y funcional que muestra un contador.

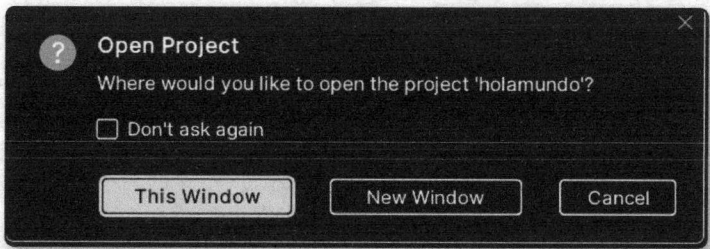

Es un proyecto de demostración que Flutter tiene y que sirve para saber si el software funciona y para dar explicaciones de código en el editor.

Dedica unos minutos a leer los comentarios en el editor.

Tu entorno de trabajo debe estar más o menos así, según la configuración del color de tu editor.

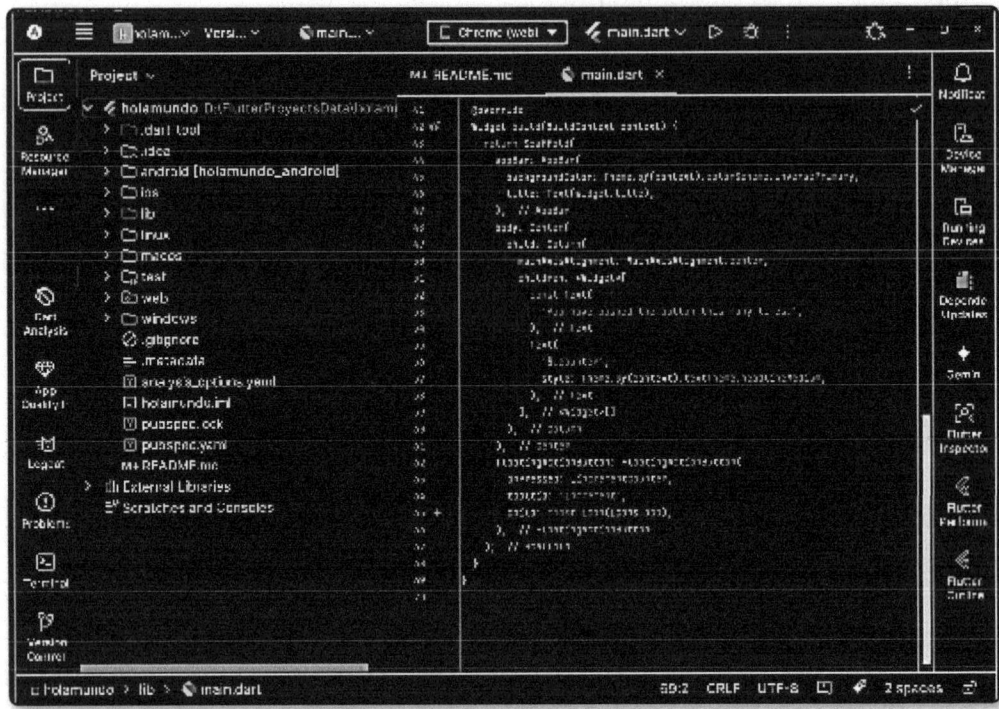

Si seleccionas en Select Device del menú superior, un navegador o dispositivo y presionas el botón play la aplicación se mostrará con toda su funcionalidad.

Si deseas ver la app en dispositivo móvil, debes haberlo configurado y conectarlo a tu computadora.

Las opciones que tienes para probar la app se pueden ver en esta casilla.

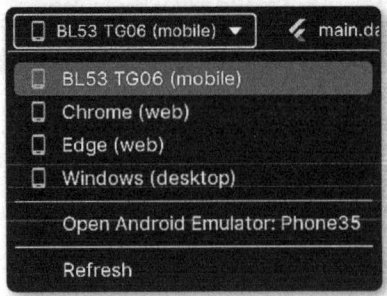

Elige cualquiera de ellos para probar el proyecto.

Clic en el icono play y mostrará la app.

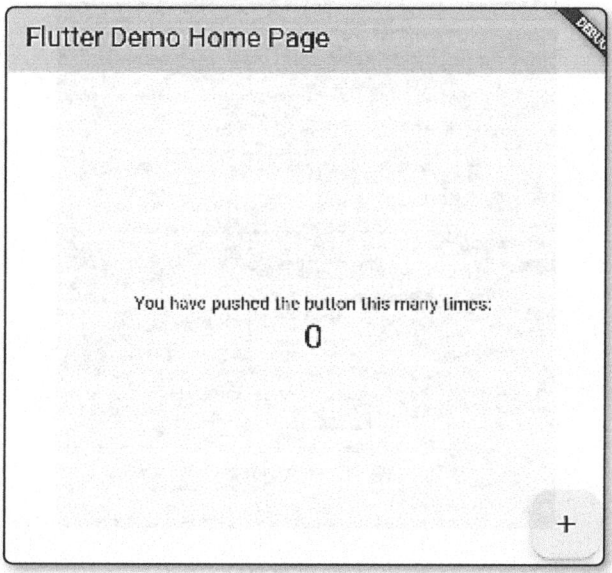

Si hiciste el proyecto como se te recomendó podrás ver la app tal y como se muestra en pantalla y luego al dar clic en el botón + el contador se moverá sumando una unidad cada vez.

Si no has obtenido los resultados esperados debes revisar lo explicado en párrafos anteriores de este libro para ver que no se hizo como se indicó, además ejecuta flutter doctor para que haga un diagnóstico y decirte si falta algo que descargar, aceptar o configurar.

Si todo va bien entonces continuemos, en la creación del Hola Mundo.

 Paso 5. Borra todo el código en el editor del archivo main.dart5 del proyecto demo.

El código que ahora está, es el de la app demo que flutter presenta al abrir Android Studio.

Debes borrarlo.

ⓘ Tip

Si colocas el cursor en el editor y presionas la tecla CTRL y tecla A seleccionaras todo lo que hay en el editor y lo borras todo al presionar tecla DEL.

Ubica el cursor en el editor y presiona CTRL + A.

Presiona tecla DEL.

Escribe el siguiente código en el editor que ahora está vacío.

Ejemplo 01: holamundo

```
import 'package:flutter/material.dart';
void main() {.
  runApp(.
    const Center(.
      child: text(.
        'Hola Mundo',.
        textDirection: textDirection.ltr,.
      ),.
    ),.
  );
}.
```

Al ejecutar este Proyecto se mostrará el hola mundo en la pantalla de la app.

Hola Mundo

A continuación el código comentado.

Hay varias maneras de escribir código en Dart con Flutter para el mismo resultado. En este ejemplo se escribió el código más simple posible para facilitar el entendimiento.

Línea de código 1.

```
import 'package:flutter/material.dart';
```

Provee las librerías, paquetes y material necesario para crear la app.

Línea de código 2.

```
void main() {.
```

Es la función principal de toda app en Dart, es el punto de entrada al programa, toda app debe tener esta función si no es así no funciona.

Línea de código 3.

```
runApp(.
```

Permite que se ejecute la app.

Línea de código 4.

```
const Center(.
```

Center es un Widget y const significa que es un widget constante.

Línea de código 5.

```
child: text(.
```

El widget Center tiene un hijo llamado Text, son hijos los widget que dependen o que están debajo de otro widget, y con la categoría de child.

Línea de código 6.

```
'Hola Mundo',.
```

El Widget Text tiene un texto o String "Hola Mundo".

Línea de código 7.

```
textDirection: textDirection.ltr,.
```

Esta línea de Código indica que el texto tendrá una dirección de izquierda a derecha.

Líneas de código 8 al 10 cierran los paréntesis abiertos en el código previo.

```
),.
),.
);
```

La línea de código 11 cierra la llave abierta antes.

```
}.
```

Para hacer un "Hola Mundo" en Dart se ocupan 3 líneas de código, para el mismo resultado en Flutter son necesarias 11 líneas de código.

Eso se debe a que flutter necesita más código para crear la interfaz de la app.

Resumen

En este capítulo, se explicó la relación entre Android Studio, Flutter y Dart. Se escribió el primer programa en Dart utilizando DartPad y el mismo proyecto se hizo en Flutter.

Se explicó la razón de cada línea de Código de la app "Hola Mundo" tanto en dartpad como en Flutter.

Preguntas

1. ¿Qué es Dart y por qué es importante para Flutter?
2. ¿Cuáles son algunas de las características del lenguaje Dart?
3. ¿Qué es DartPad y para qué se utiliza?
4. ¿Qué hace la función print() en Dart?
5. ¿Qué es función main()?
6. ¿Qué es import 'package:flutter/material.dart'?
7. ¿Qué es runApp()?

Ejercicios

1. Modifica el programa "¡Hola Mundo!" para que muestre un mensaje diferente.
2. Crea un proyecto en Flutter con el mensaje "Buenos días".
3. Intenta crear un proyecto en Flutter con el nombre HolaMundo a ver qué sucede, luego intenta nombrarlo hola mundo u Hola mundo y observa los resultados.

4

COMENTARIOS EN FLUTTER

Objetivos

1. Aprender a escribir comentarios de una línea.

2. Aprender a escribir comentarios de varias líneas.

3. Aprender a escribir comentarios de documentación.

Introducción

Si leíste el libro sobre Dart de la serie a la que también pertenece este libro, ya debes saber sobre hacer comentarios en Dart, es lo mismo para Flutter, recuerda el lenguaje de Flutter es Dart.

Los comentarios sirven para documentar código, para explicación de funciones, variables y más que forman parte del código fuente del proyecto.

Son de gran ayuda para nosotros mismos o para otros desarrolladores que vean el código.

El compilador de Dart ignora los comentarios, no los toma como código.

Comentarios de una línea

Se crean con doble barra inclinada o pleca "//".

Ejemplo

```
//Soy comentario de una línea y son de Dart y Flutter.
```

Comentarios de varias líneas

Se crean encerrando el comentario entre barra inclinada o pleca " /* " al principio y asterisco y barra inclinada o pleca " */ " al final.

Ejemplo

```
/* Hola soy comentario de varias.
   Líneas y son de Dart y Flutter */.
```

Comentario de documentación

Sirve para documentar código.

```
/// Soy comentario de documentación de código.
/** Soy también comentario de documentación.*/.
```

En la siguiente imagen puedes ver en el editor de Android Studio los tres tipos de comentarios. Unilineal, multilínea y Doc.

Los comentarios unilinea están después de doble pleca //.

Los multilínea están entre /* y */.

Y los comentarios de documentación están entre los símbolos /** y */.

O también se escriben después de tres plecas. ///.

Preguntas

1. ¿Qué tipos de comentarios hay en Flutter?

2. ¿Qué tipo de comentarios se escriben con triple pleca ///?

3. ¿Cómo se escriben los comentarios unilinea?

4. ¿Cómo se escriben los comentarios de varias líneas?

Ejercicios

1. Revisa todos los comentarios del Demo de Android Studio.

2. Escribe un comentario de una y varias líneas.

3. Escribe un comentario de documentación.

4. Escribe la otra forma de escribir comentarios de documentación.

5

ERRORES Y ADVERTENCIAS O WARNINGS

Objetivos

- ▶ Comprender la importancia de identificar y corregir errores y advertencias en el código.
- ▶ Aprender a reconocer las señales de error en Android Studio.
- ▶ Utilizar las herramientas de Android Studio para diagnosticar y solucionar errores.

Introducción

Se ha incluido el tema anterior, comentarios y este, errores y advertencias para que desde ahora puedas conocer acerca de estos temas y poder usar ambos recursos para resolver tus desafíos en el desarrollo de sus proyectos.

Los errores son frecuentes durante las tareas de programación.

Hay errores propiamente dichos, hay **warning** (advertencias) y hay excepciones.

Warning

En español se llaman advertencias. Son problemas potenciales que se producen en tiempo de compilación y no evitan la ejecución del proyecto.

Ejemplo de Warning puede ser importar una librería y no utilizarla, crear una variable y no darle uso.

Un warning indica que algo no está bien en el proyecto y aunque no detiene la ejecución podría en algún momento y bajo ciertas circunstancias causar problemas. Por lo anterior es buena práctica corregir para quitar las advertencias o **warnings.**

Los **warnings** o advertencias son problemas potenciales que deben solucionarse no obstante que el proyecto se ejecute. Los errores son problemas graves que deben solucionarse porque al no corregir, el proyecto no se ejecutará.

Error

Se producen en tiempo de compilación o en tiempo de ejecución.

Si es en el primero el programa no se ejecuta y si es en el segundo el programa se bloquea y causa una **excepción.**

Ejemplo de errores en Flutter son

1. De sintaxis: falta cerrar una llave, un punto y coma, escribir mal una palabra reservada, etc.

2. De tipo: asignar un valor de un tipo que no corresponde al tipo de la variable, ej. asignar un String a una variable de tipo int.

3. Errores en tiempo de ejecución: división entre 0, intentar acceder a un índice fuera de rango, etc.

Excepciones

Son un tipo de error que ocurre mientras el programa está ejecutándose.

El flujo normal de lectura de código se detiene.

Es una situación excepcional que puede producirse cuando por ejemplo se invoca una variable que no existe o se intenta hacer división entre 0 o no se encuentra un servicio de red.

Las excepciones son objetos y la clase base para todas las excepciones es **Exeption.**

Las subclases de exceptions son:

1. IOException: errores relacionados con operaciones de entrada/salida (archivos, red, etc.).

2. FormatException: error al intentar convertir una cadena a un formato incorrecto (por ejemplo, int.parse("abc")).

3. RangeError: error al intentar acceder a un índice fuera de los límites de una lista o colección.

4. ArgumentError: error cuando se pasa un argumento inválido a una función o método.

5. StateError: error cuando un objeto se encuentra en un estado inválido para la operación que se intenta realizar.

6. NoSuchMethodError: se produce al intentar llamar a un método en un objeto que no lo tiene (común con null o con tipos dinámicos).

7. TimeoutException: error al exceder un tiempo de espera (por ejemplo, en una operación de red).

8. UnsupportedError: error al intentar realizar una operación que no está soportada.

9. FileSystemException: errores relacionados con el sistema de archivos.

try catch finally

try-catch-finally: este es el mecanismo principal para *manejar* excepciones.

▸ try: el código que *podría* lanzar una excepción se coloca dentro de un bloque try.

▸ catch: si se lanza una excepción dentro del bloque try, el control se transfiere al bloque catch correspondiente. Puedes tener múltiples bloques catch para manejar diferentes tipos de excepciones.

  • on: se puede usar para especificar un tipo particular, seguido de un catch.

▸ finally: el bloque finally (opcional) se ejecuta *siempre*, independientemente de si se lanzó o no una excepción (y de si se capturó o no). Es útil para realizar tareas de limpieza (como cerrar archivos o conexiones de red).

Identificación y corrección de warning y errores

Flutter muestra las advertencias y errores de diferentes maneras.

1. Subrayando de rojo la línea del código fuente donde está el error.

2. Mostrando alerta en esquina superior derecha del editor. Si es advertencias será color amarillo y si es error será color rojo.

3. Mensaje en la consola, si da Clic en la advertencia de error en la parte superior derecha del editor se mostrará el error en la consola con la descripción del

error y si das clic en la línea de descripción del error te lleva directamente a la línea defectuosa.

Error notificado en el parte superior derecha del editor.

El dar clic en la notificación del error se muestra la descripción del error en consola.

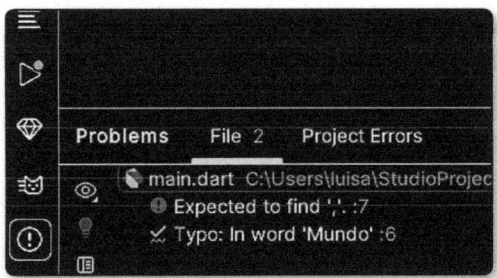

Al dar clic en la descripción te muestra el sitio del error.

```
void main() {
  runApp(
    const Center(
      child: Text(
        'Hola Mundo'
        textDirection: TextDirection.ltr
      ), Text
    ), Center
  );
}
```

Si en el editor ubicas el puntero del mouse o cursor sobre la línea del error te informa cual es el error.

```
'Hola Mundo'
textDirection: TextDirection.ltr
), Text
  Center        Expected to find ','.
```

4. Mostrando línea roja en margen derecho del editor a nivel del error.

5. En el directorio de archivo y paquetes subraya de blanco la carpeta o archivo que contiene el error.

   En la siguiente imagen puedes ver todas las formas mencionadas para notificar que el código es erróneo.

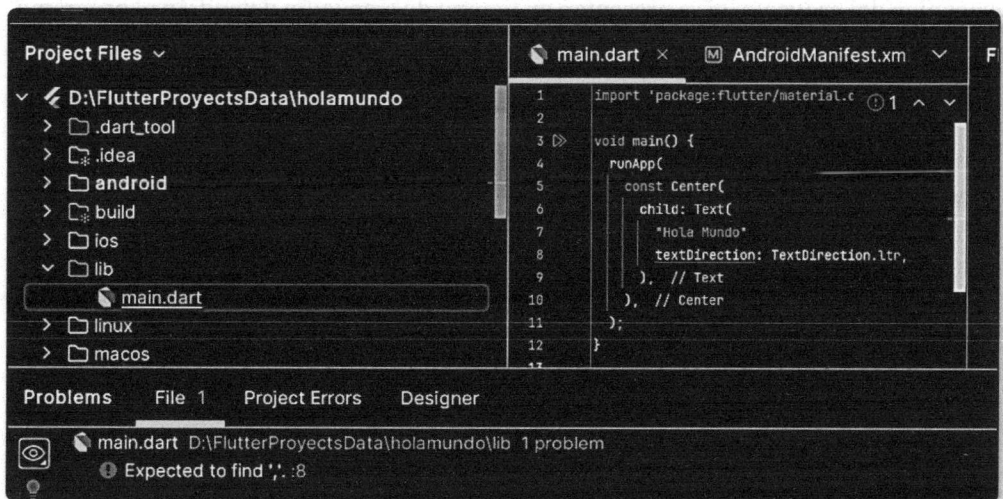

En el ejemplo que se muestra en la imagen anterior, se eliminó la coma ubicada después de las comillas de "Hola Mundo" se hizo intencionalmente para generar error. Observa en el directorio el archivo main.dart subrayado en blanco, la línea siguiente a donde está el código erróneo se subraya de rojo, se muestra una alerta en la esquina superior derecha del editor indicando que hay 1 error y en la consola aparece un mensaje describiendo el error. Al dar clic en este mensaje el cursor se ubica en la línea defectuosa en el editor.

Si colocamos el cursor sobre la línea subrayada en el editor, dirá cuál es la causa. En este caso dice que se espera una coma.

```
    const Center(
       child: Text(
         "Hola Mundo"
         textDirection: TextDirection.ltr,
       ),  // Text
    ),  // Center          Expected to find ','.
 );
```

Warning o advertencia

En el siguiente ejercicio se muestra un ejemplo en donde intencionalmente se creó una variable edad que se dejó sin usar para generar una advertencia o warning.

Recuerda las advertencias o warning no detienen la ejecución del proyecto, los errores sí.

Las advertencias se muestran en tiempo de compilación, los errores pueden mostrarse en tiempo de compilación o compilación. Si es en el primero detendrán la ejecución del proyecto, si se presentan en tiempo de ejecución detendrán el programa.

Ejemplo 02. Advertencies

```dart
import 'package:flutter/material.dart';
void main() {
  int edad = 20;
  runApp(
    const Center(
      child: text(
        "Hola Mundo",
        textDirection: textDirection.ltr,
      ),
    ),
  );
}
```

Esto genera, no un error, sino una **advertencia.** En los mismos sitios que el ejemplo de error excepto que en el directorio no aparece subrayado el archivo defectuoso y en la esquina superior derecha la alerta es amarilla y no roja. Igual en la consola se muestra un triángulo amarillo.

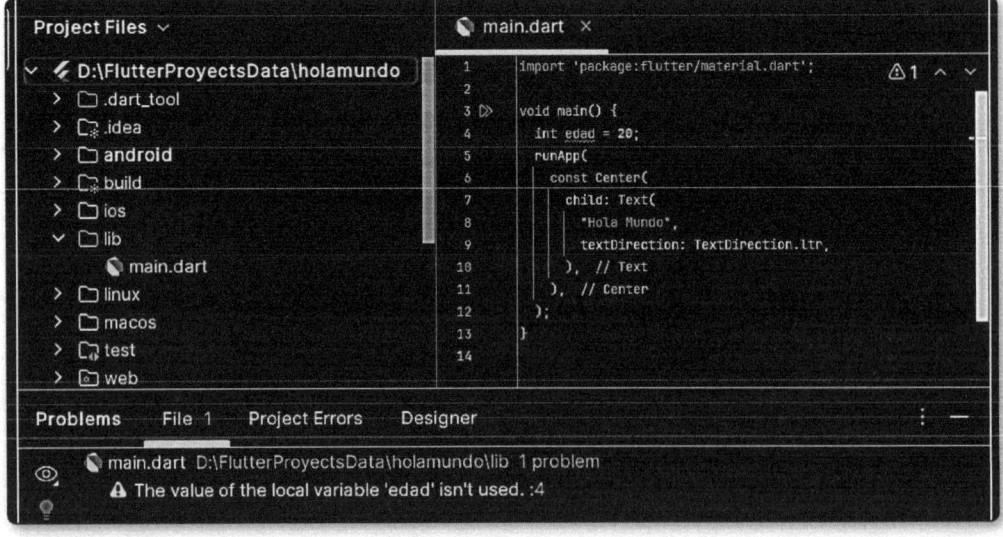

Ejecuta el programa así como está sin intentar corregir la advertencia y veras que siempre ejecuta la app hasta mostrar la interfaz que esperas. Es porque las advertencias no detienen la ejecución del código, los errores. No obstante esto, para fines de publicación tu app no debe llevar advertencias. Debes eliminarlas antes corrigiendo lo que las genera.

Si posicionas el cursor en la variable edad se muestra el problema. Diciendo que falta usar la variable edad.

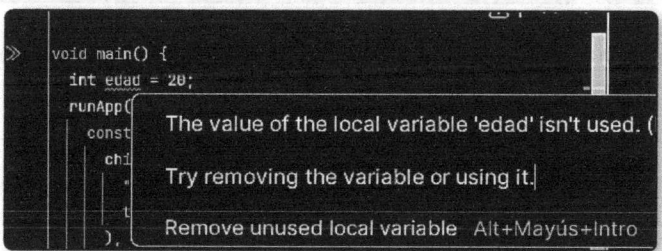

Y al dar clic en el bulbo amarillo propone una solución a la advertencia.

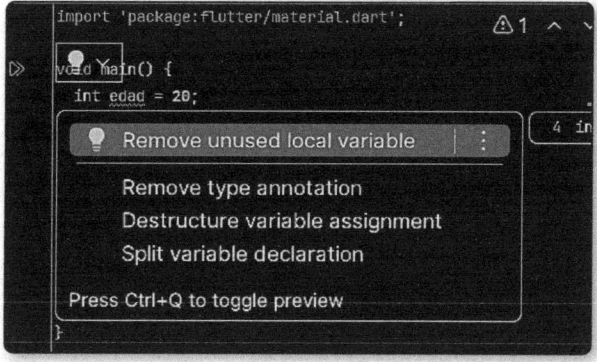

Dart Analysis

Aún hay otra forma de notificar errores y es al dar clic en Dart Analysis que se encuentra en el margen inferior izquierdo del IDE. Mostrará el error en consola, el número de línea donde está el error y la descripción de la causa del error.

Si se da clic en el mensaje del error en la consola te llevara exactamente a la línea de código defectuosa. Y allí aparecerá el bulbo rojo de error que al presionarlo muestra la solución.

En la siguiente imagen se muestran las diferentes notificaciones para error en línea 28 en donde falta un punto y coma.

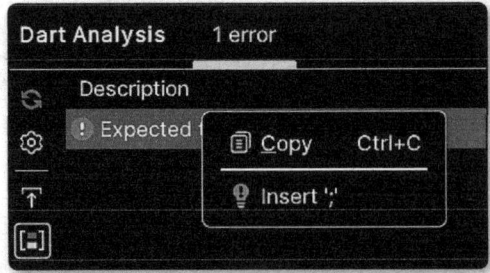

Aún hay más, si das clic derecho en mensaje de error en la consola te mostrará la solución.

Observa que dice que inserte un ;

Haz eso y todas las notificaciones de error desaparecerán. Además nota que se puede copiar el mensaje para buscar ayuda en internet.

Ejemplo 03. Excepción: divisionByZeroException

```dart
import 'package:flutter/material.dart';

void main() {
  runApp(MyApp());
}

class MyApp extends StatelessWidget {
  const MyApp({super.key});

  @override
  Widget build(BuildContext context) {
    return MaterialApp(
      home: myHomePage(),
    );
  }
```

```
}

class MyHomePage extends StatefulWidget {
  const MyHomePage({super.key});

  @override
  State<MyHomePage> createState() => _MyHomePageState();
}
class _MyHomePageState extends State<MyHomePage> {
  final _dividendoController = TextEditingController();
  final _divisorController = TextEditingController();
  String _resultado = '';

  @override
  Widget build(BuildContext context) {
    return Scaffold(
      appBar: appBar(
        title: text('División con TextField'),
      ),
      body: padding(
        padding: const EdgeInsets.all(16.0),
        child: column(
          children: [
            TextField(
              controller: _dividendoController,
              keyboardType: textInputType.number,
              decoration: inputDecoration(labelText: 'Dividendo'),
            ),
            TextField(
              controller: _divisorController,
              keyboardType: textInputType.number,
              decoration: inputDecoration(labelText: 'Divisor'),
            ),
            ElevatedButton(
              onPressed: () {
                _realizarDivision();
              },
              child: text('Dividir'),
            ),
            SizedBox(height: 20),
            Text('Resultado: $_resultado'),
          ],
        ),
      ),
    );
```

```
    }
  void _realizarDivision() {
    setState(() {
      try {
        double dividendo = double.parse(_dividendoController.text);
        double divisor = double.parse(_divisorController.text);
        double resultado = dividendo / divisor;
        if (resultado.isInfinite) {
          _resultado = '¡No se puede dividir por cero!';
        } else {
          _resultado = resultado.toString();
        }
      } catch (e) {
        _resultado = 'Error: ${e.toString()}';
      }
    });
  }
}.
```

Recuerda que Flutter carga el proyecto creado con el Demo Contador que contiene el código principal en el archivo main.dart de la carpeta **lib.** A propósito recuerda siempre donde están la carpeta **lib** y su archivo main.dart porque los utilizaras mucho en cada proyecto. Más adelante profundizaremos en este tema.

Ejecuta el Demo para ver el contador funcionando y saber así que el proyecto funciona. Luego detenlo usando el stop en la barra de herramientas y luego borra todo el código del main.dart.

ⓘ Tip

Recuerda que si ubicas el puntero del mouse en el código del editor de main.dart y presionas Ctrl + A se selecciona todo el código y así lo borras.

Limpia el editor del main.dart y pega el código del ejemplo, el que esta unos párrafos antes en este libro.

Al pegar el código veras advertencia en la esquina superior derecha del editor.

Si posicionas el cursor sobre la advertencia aparece lo siguiente.

Clic sobre Highlight All Problems y abre menú.

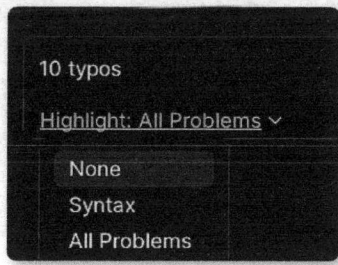

Clic sobre Syntax y se resuelven todos los problemas de ese tipo que se mostraban porque el diccionario no los reconocía.

Si aparecen más errores o advertencia da clic en ellas y las mostrará en la consola en la parte inferior del IDE, abajo del Editor de código.

Antes de tratar de corregirlo ejecuta en la terminal los comandos Flutter clean déjalo que limpie y luego ejecuta flutter pub get.

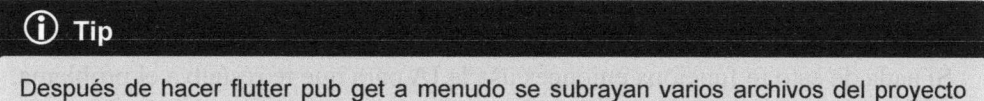

ⓘ **Tip**

Después de hacer flutter pub get a menudo se subrayan varios archivos del proyecto como si tuvieran errores. Haz clic en pub.spec.yaml que está entre los últimos archivos de la lista y luego presiona pub get que está en la parte superior derecha del IDE.

La terminal la encuentras abajo a la izquierda del IDE.

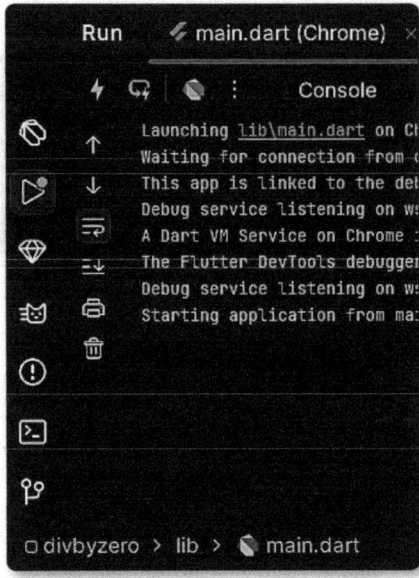

Está en la barra lateral izquierda.

ⓘ Tip

La terminal dentro de Android Studio también la puedes abrir presionando las teclas Alt + F12.

Al ejecutar en la terminal Flutter clean y luego flutter pub get a menudo se resuelven muchos o todos los errores y advertencias. Si no es así entonces cierra y vuelve a abrir el proyecto. Si persisten los errores entonces aplica las formas que acabo de explicar para el manejo de errores, advertencias y excepciones.

Si nada de esto te funciona entonces usa la IA para que te resuelva el problema.

Ahora sí, ejecuta el proyecto y veras que no te hace la división entre 0 sino que te avisa que no se puede hacer división entre cero.

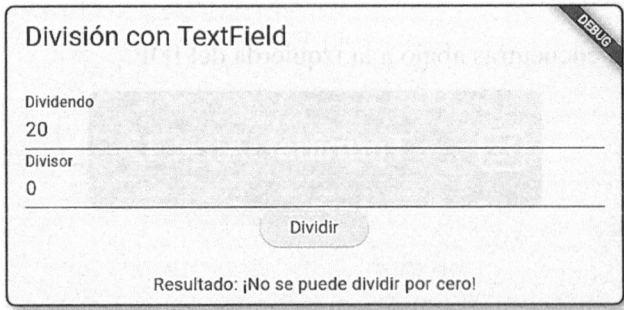

En el ejemplo previo se utiliza un bloque try-catch para capturar la excepción.

Dentro del bloque **try,** intentamos dividir el número 10 entre 0 usando el operador ~/ (división entera). No se puede dividir un numero entero entre 0, matemáticamente no es posible. Si lo intentas en la calculadora de la computadora tampoco lo hará. Y te dice el motivo.

Si se produce una excepción, el control pasa al bloque catch.

En el bloque catch, verificamos si la excepción es de tipo IntegerDivisionByZeroException.

Si es así, se muestra un mensaje de error.

La excepción DivisionByZeroException se produce al intentar dividir un número entero por cero.

Es importante manejar esta excepción para evitar que la aplicación se bloquee.

Este ejemplo ayudará a comprender cómo se produce y se maneja la excepción **DivisionByZeroException en Flutter.**

Haz el proyecto y copia el código fuente del ejemplo que te acabo de presentar. Como ves, se intenta dividir 62 entre 0 y manda un mensaje indicando que eso no es posible.

División con TextField

Dividendo
62

Divisor
0

                                                            Dividir

                              Resultado: ¡No se puede dividir por cero!

Solución de warning y errores

La solución de advertencias y errores es a menudo fácil porque el mismo IDE le da las soluciones.

Ejemplo si dice que una variable no se ha utilizado, pues a utilizarla o eliminarla. Si muestra error porque falta una llave, coma o punto y coma, o falta importar alguna librería pues corregir y listo, el error desaparecerá.

Los errores y advertencias que no se corrigen haciendo lo que las ayudas del IDE proponen entonces hay que buscar la solución en Internet. Especialmente es bueno consultar a las IAs que casi con toda seguridad te darán la solución apropiada.

También puedes intentar preguntar a algún maestro, compañero o amigo que sepa de programación para que te ayude a resolver el problema.

Gemini

Gemini, La IA de Google ahora está integrado de forma nativa en las versiones más recientes de Android Studio (Ladybug y posteriores), lo que facilita el desarrollo con la versión 3.38.7 de Flutter.

Optimización y Corrección con IA: Gemini en Android Studio

En el desarrollo moderno con Flutter, no es necesario resolver cada error de forma manual. Gemini, integrado directamente en Android Studio, actúa como un asistente que analiza su código para ofrecer soluciones inmediatas ante errores de sintaxis, advertencias de rendimiento y excepciones en tiempo de ejecución.

1. Resolución de Errores Estructurales

Si borra una llave de cierre en el árbol de widgets, el editor marcará el código en rojo. Al usar **Alt + Enter** sobre el error, Gemini analizará la jerarquía de sus widgets y le indicará exactamente dónde falta el cierre, restaurando la compilación en segundos.

2. Manejo de Advertencias (Warnings)

Note el uso de const en los widgets. Si los olvida, Android Studio mostrará un subrayado amarillo. Gemini le explicará que usar const mejora el rendimiento al evitar reconstrucciones innecesarias del widget, permitiendo que la interfaz sea más fluida.

Activación Rápida

Para habilitar esta asistencia, solo debe realizar este paso: **vaya a File > Settings > Tools > AI (o Gemini) y asegúrese de que la casilla "Enable Gemini in Android Studio" esté marcada.**

Tip

Si no configura Gemini como se espera en Android Studio, no se angustie pues siempre puede corregir errores, advertencias y excepciones usando los métodos tradicionales que ya le expliqué.

Resumen

En este capítulo, hemos aprendido a reconocer las señales de error en Android Studio, a diagnosticar errores utilizando las herramientas del IDE y a solucionar errores siguiendo las sugerencias de Android Studio, consultando la documentación o buscando ayuda en línea.

También se mencionó el uso de Gemini la IA de Google como asistente para corrección de errores. No es la única función de la IA sino que es el tema del capítulo por eso me enfoqué a esta característica de Gemini.

Preguntas

1. ¿Cuáles son las señales visuales que indican errores en el código en Android Studio?
2. ¿Cómo se utiliza la ventana "Dart Analysis" para diagnosticar errores?
3. ¿Qué función cumple el "bulbo rojo" en Android Studio?
4. ¿Qué función cumple el "bulbo amarillo" en Android Studio?
5. ¿Cómo se corrigen los errores en el código?
6. ¿Cómo se muestran las notificaciones de advertencias o warning y cómo los errores en el IDE de Android Studio?
7. ¿Cuál es la diferencia entre advertencias y errores?
8. ¿Qué es Gemini?

Ejercicios

1. Introduce un error en el código de la aplicación "Hola Mundo" (por ejemplo, elimina un paréntesis o una llave).
2. Observa las señales de error que aparecen en Android Studio.
3. Diagnostica el error utilizando las herramientas del IDE.
4. Corrige el error y ejecuta la aplicación.
5. Corrige un error o advertencia utilizando IA.
6. Crea un Warning o advertencia declarando una variable que luego no utilizas.

6

ANALIZANDO EL PROYECTO DEMO DE FLUTTER

Objetivos

▶ Comprender la función main() en Dart.

▶ Crear un proyecto básico en Flutter.

▶ Analizar la estructura de un proyecto Flutter.

Introducción

Ya conoces acerca de errores en el código por lo que no te inquietaras porque ya sabes cómo identificarlos y corregirlos, sabes comentar el código de una y varias líneas así como la documentación.

Ya sabes cómo crear un proyecto en Flutter, viste el código del proyecto demostrativo predeterminado que Flutter muestra al inicio.

El código de este proyecto es un poco más complejo que el del proyecto Hola Mundo que desarrollamos en el capítulo anterior.

Para seguir entendiendo el código continuemos analizando el generado en el proyecto DEMO.

Crea un proyecto, deja el nombre que Dart le asigna automáticamente, sigue los pasos correspondientes hasta que esté creado el proyecto, dale play en Chrome o Edge o Window o en emulador o en tu dispositivo móvil físico.

Enfócate en el archivo main.dart y observa línea por línea el código.

Ejemplo 04: demo

```
import 'package:flutter/material.dart';
// Importa el paquete de Material Design de Flutter.
void main() {.
//Función main() es la función principal y punto de entrada de toda app
hecha en Flutter.
runApp(const MyApp());
// Ejecuta la aplicación Flutter con el widget MyApp.
}.
class MyApp extends StatelessWidget {.
// MyApp es un widget StatelessWidget, lo que significa que es inmutable
o que no cambia.
const MyApp({super.key});
// Constructor de MyApp.
@override.
//Indica que el método será sobrescrito.
Widget build(BuildContext context) {.
// El método build describe la interfaz de usuario del widget.
return MaterialApp(.
// MaterialApp es un widget que configura la aplicación con Material
Design.
title: 'Flutter Demo',.
// Título de la aplicación.
theme: themeData(.
// Tema de la aplicación.
colorScheme: colorScheme.fromSeed(seedColor: colors.deepPurple),.
// Esquema de color basado en un color semilla.
useMaterial3: true,.
// Habilita Material Design 3.
),.
home: const MyHomePage(.
title: 'Flutter Demo Home Page'),.
// Establece MyHomePage como la página de inicio, y en siguiente línea
muestra el titulo.
);
}.
}.
class MyHomePage extends StatefulWidget {.
// MyHomePage es un widget StatefulWidget, lo que significa que puede
cambiar su estado.
const MyHomePage({super.key, required this.title});
// Constructor de MyHomePage.
final String title;
```

```dart
// Título de la página de inicio.
@override.
State<MyHomePage> createState() =>.
_MyHomePageState();
// Crea el estado asociado a MyHomePage.
}.
class _MyHomePageState extends State<MyHomePage> {
// _MyHomePageState es el estado asociado a MyHomePage.
int _counter = 0;
  // Contador que se incrementa al presionar el botón.
void _incrementCounter() {.
  // Función para incrementar el contador.
setState(() {.
// Llama a setState para notificar a Flutter que el estado ha cambiado y
debe reconstruir la interfaz de usuario.
_counter++;
// Incrementa el contador.
});
}.
@override.
Widget build(BuildContext context) {.
// El método build describe la interfaz de usuario del estado.
return Scaffold(.
// Scaffold proporciona la estructura básica de una pantalla en
Material Design, es como el esqueleto donde se acomodan los otros
Widgets.
appBar: appBar(.
// Barra de la aplicación en la parte superior, es como un titulo en
una casa.
backgroundColor: theme.of(context).colorScheme.inversePrimary,.
// Color de fondo de la barra de la aplicación.
title: text(widget.title),.
// Título de la barra de la aplicación.
),.
body: center(.
// Centra su widget hijo.
child: column(.
// Organiza los widgets hijos en una columna vertical.
mainAxisAlignment: mainAxisAlignment.center,.
// Centra los hijos verticalmente.
children: <Widget>[.
const Text(.
'Haz presionado el botón este número de veces:',.
// Texto estático.
),.
```

```
Text(.
'$_counter',.
// Texto que muestra el valor del contador.
style: theme.of(context).textTheme.headlineMedium,.
// Estilo del texto.
),.
],.
),.
),.
//Paréntesis y corchete de cierre.
floatingActionButton: floatingActionButton(.
// Botón flotante en la parte inferior derecha.
onPressed: _incrementCounter,.
// Llama a _incrementCounter al presionarlo.
tooltip: 'Increment',.
// Texto de ayuda que aparece al mantener presionado el botón.
child: const Icon(Icons.add),.
// Icono del botón.
),.
);
// Paréntesis de cierre.
}.
}.
//Llaves de cierre.
```

Explicación del código del Demo

1. **Punto de Entrada y Configuración (main y MyApp)**

   - **import 'package:flutter/material.dart'**: carga la librería fundamental que contiene los componentes visuales de Material Design.
   Según el tipo de proyecto así serán necesarias las importaciones de librerías, archivo y paquetes.

   - **void main()**: es el punto de inicio obligatorio de la ejecución. Es el punto de entrada, es una función que no puede faltar. "No hay función main(), pues no hay app").

   - **runApp()**: toma el widget raíz (MyApp) y lo infla para que ocupe toda la pantalla.

   - **MaterialApp**: es el "corazón" de la configuración; aquí se define el título, el tema global (colores y tipografía) y se habilita **Material 3** para un diseño moderno.

2. **Definición de Widgets (Stateless vs Stateful)**

- **StatelessWidget (MyApp)**: se usa para componentes que no cambian una vez dibujados. En este caso, solo configura la estructura general de la app.
- **StatefulWidget (MyHomePage)**: se utiliza cuando la pantalla necesita reaccionar a datos que cambian (como el contador). Requiere una clase adicional (State) para manejar esos cambios.

3. **Manejo del Estado y Lógica (_MyHomePageState)**

- **_counter**: una variable entera que persiste en la memoria del dispositivo mientras la app esté abierta.
- **_incrementCounter()**: contiene la función **setState()**. Este es el motor de Flutter: le avisa al sistema que el valor de _counter cambió y que debe "dibujar" de nuevo la pantalla para reflejar el nuevo número.

4. **Estructura Visual (Scaffold y Layout)**

- **Scaffold**: funciona como un lienzo preorganizado que reserva espacio para la barra superior, el cuerpo y botones flotantes.
- **AppBar**: la franja superior que identifica la aplicación.
- **Center y Column**: widgets de posicionamiento. Column permite apilar elementos verticalmente (el texto estático y el número del contador).
- **floatingActionButton**: el botón circular de acción rápida vinculado a la función de incremento.

Resumen

En este capítulo, se explicó sobre la función main(), se creó un proyecto básico en Flutter y se analizó su estructura básica del proyecto Demo de Flutter.

Preguntas

1. ¿Qué es la función main() y cuál es su importancia en Dart?
2. ¿Cómo se crea un nuevo proyecto Flutter en Android Studio?
3. ¿Cuáles son los pasos para ejecutar un proyecto Flutter?
4. ¿Qué es el widget Scaffold y cuál es su función?

Ejercicios

1. Modifica el código del proyecto DEMO para que el contador se incremente de tres en tres.
2. Añade un nuevo widget Text al proyecto DEMO.

Ejemplo 5. Demo sin comentarios

Crea un proyecto nuevo y al código del main.dart borra los comentarios para que puedas leer y analizar mejor el código.

Resumen del Capítulo 6

En este capítulo, analizamos a fondo el proyecto DEMO que Flutter genera por defecto. Aprendimos que la función main() es el punto de partida indispensable de cualquier aplicación y cómo runApp() pone en marcha el widget raíz. Exploramos la diferencia fundamental entre los widgets inmutables (StatelessWidget) y aquellos que pueden reaccionar a cambios de datos (StatefulWidget) mediante el uso de setState(). Finalmente, desglosamos la estructura visual de una pantalla típica de Material Design utilizando el widget Scaffold, que organiza elementos como la AppBar, el cuerpo centralizado (Center) y botones de acción rápida.

Preguntas

1. ¿Qué sucede si un proyecto de Flutter no incluye la función main()? Es el punto de entrada obligatorio; sin ella, la aplicación no puede ejecutarse ("No hay función main(), pues no hay app").

2. ¿Cuál es la función principal del widget MaterialApp? Actúa como el corazón de la configuración, definiendo el título, el esquema de colores (tema global) y habilitando el uso de Material Design 3.

3. ¿Para qué se utiliza el método setState() dentro de un StatefulWidget? Funciona como el motor de Flutter, notificando al sistema que un valor ha cambiado para que la interfaz se "dibuje" de nuevo con los datos actualizados.

4. ¿Cómo ayuda el widget Scaffold en la organización de la interfaz? Proporciona la estructura básica o "esqueleto" de una pantalla, reservando espacios predefinidos para la barra superior, el cuerpo y botones flotantes.

5. En Android Studio Otter, ¿cómo puede Gemini ayudarte si olvidas cerrar un paréntesis o una llave en este código? Al estar integrado en Tools > AI, Gemini permite usar el atajo Alt + Enter sobre el error para explicar la falla estructural y sugerir la corrección exacta sin salir del IDE.

Ejercicios Prácticos

1. Modificación de Lógica: cambia el código de la función _incrementCounter() para que, en lugar de sumar de uno en uno, el contador aumente de tres en tres cada vez que se presione el botón.

2. Personalización Visual: modifica el color semilla (seedColor) en el ThemeData de MyApp (cambia Colors.deepPurple por Colors.green) y observa cómo cambia automáticamente toda la paleta de colores de la aplicación.

3. Desafío de Interfaz: añade un nuevo widget Text dentro de la Column (debajo del contador) que diga "¡Sigue adelante!", y asegúrate de usar el modificador const para evitar advertencias amarillas de rendimiento.

7

ARCHIVOS DE PROYECTO FLUTTER

Objetivos

1. Comprender la estructura de un proyecto Flutter.

2. Conocer el archivo lib.

3. Conocer el archivo pubspec.yaml.

4. Conocer los archivos para iOS.

5. Conocer los archivos para Android.

6. Aprender a gestionar paquetes y dependencias.

7. Utilizar recursos como imágenes e iconos en una aplicación.

 Tip

Cuando en una carpeta se ve un > significa que contiene más archivos o subcarpetas. Tómate tu tiempo para que abras cada carpeta solo para inspección general.

Introducción

En este capítulo, exploraremos la estructura de un proyecto Flutter y aprenderemos a gestionar paquetes, librerías y recursos como imágenes e iconos.

Tomaremos siempre como ejemplo el Demo que Flutter genera cada vez que se crea un proyecto nuevo.

Al crear un proyecto Flutter genera varios archivos los cuales se encuentran en la carpeta Project files. En la parte superior izquierda del IDE.

En la siguiente imagen puedes ver las carpetas y archivos para el proyecto DEMO predeterminado de Flutter.

Si te parecen muchos, te sorprenderás más por la cantidad de subcarpetas, archivos, imágenes y recursos que se encuentran ahora ocultos bajo cada uno de ellos.

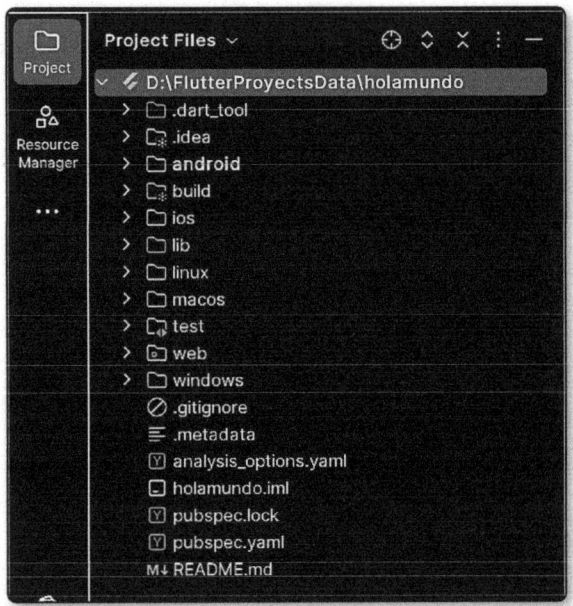

Estructura de un proyecto Flutter

Al crear un nuevo proyecto Flutter, se genera una estructura de carpetas y archivos que contienen el código fuente, las dependencias, los recursos y la configuración de la aplicación.

Para ver los archivos del proyecto, búscalos en la parte superior izquierda del IDE, selecciona el nombre del proyecto, da clic y luego haz lo mismo en Proyect Files para que se abra el directorio de archivos.

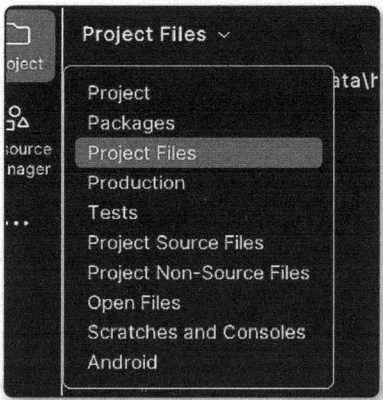

Carpeta lib

> (i) **Tip**:
>
> *La carpeta lib contiene el archivo main.dart que aloja el código que se muestra en el editor cuando se crea un proyecto.*

▶ **lib**: contiene el código fuente principal de la aplicación. El archivo main.dart es el punto de entrada de la aplicación y alberga el código fuente de la pantalla de inicio.

Observa en la imagen la carpeta lib conteniendo el archivo main.dart.

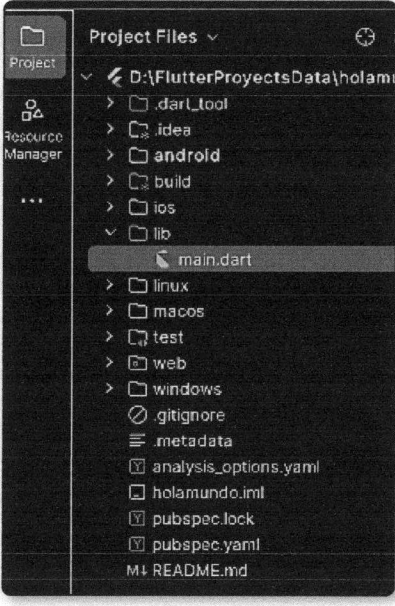

En la carpeta lib está el archivo main.dart que contiene el código fuente de la pantalla principal o de inicio de la app no solo esto, main.dart puede con todo el código de la interfaz, no obstante es recomendable no saturarlo de código.

main.dart

Es un archivo principal que debes conocer su ubicación porque allí se escribe el código fuente de la pantalla de inicio de toda app en Flutter.

Se encuentra en la carpeta **lib** de los archivos del proyecto.

En la siguiente imagen muestro el contenido de ejemplo del archivo main.dart.

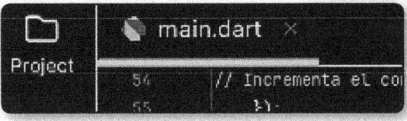
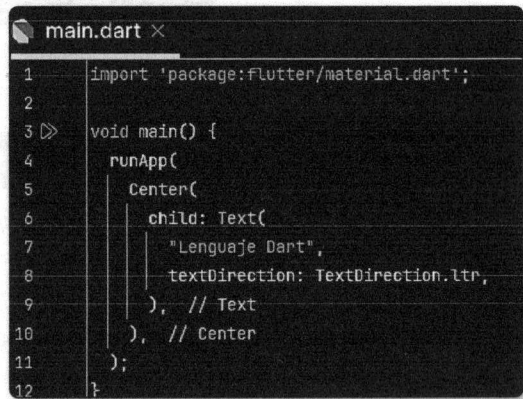

▼ **test:** contiene las pruebas unitarias para la aplicación.

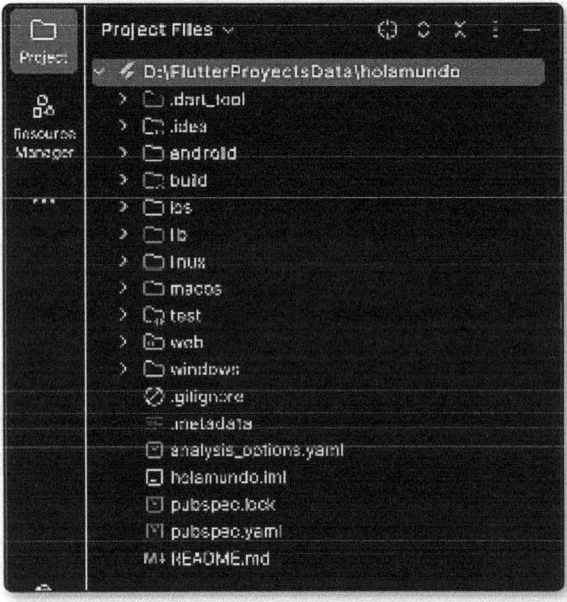

Las pruebas unitarias sirven para probar unidades individuales de código.

Se recomienda borrar esta carpeta antes de hacer producción para publicación de app o en tiempo de depuración, si se bloquea que el proyecto se muestre como se espera.

▼ **Android:** contiene el código y los recursos específicos para la plataforma Android.

Esta carpeta es muy importante porque contiene los principales archivos y recursos del proyecto como por ejemplo las imágenes de los iconos.

Observa los archivos alojados en la carpeta **Android.**

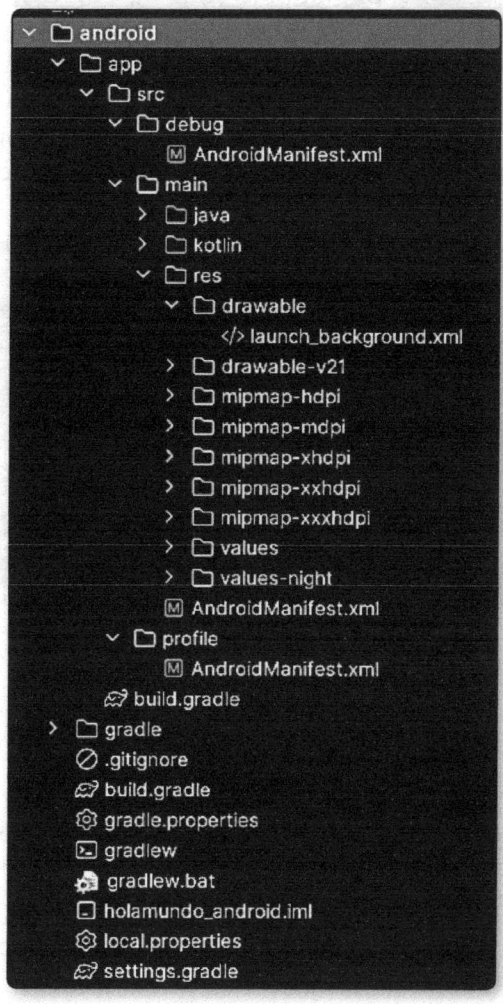

▼ **ios**: contiene el código y los recursos específicos para la plataforma iOS.

▶ Allí se encuentran las imágenes de los iconos de app para iPhone.

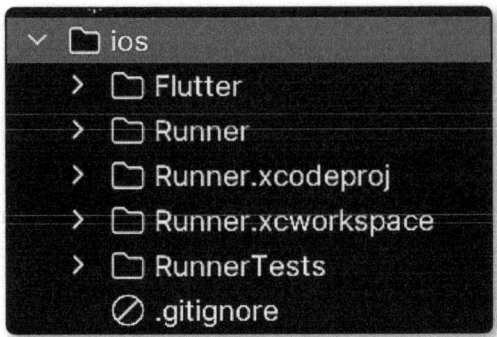

Despliega cada carpeta para que veas su contenido.

Por ejemplo si abres la carpeta Runner verás que contiene la subcarpeta Assets. xcasset que contiene otra subcarpeta Appicon.appiconset en donde están alojadas las imágenes en diferente resolución para el icono de lanzamiento de la app.

Pubspec.yaml

Es el archivo de configuración del proyecto. Aquí se definen las dependencias, los recursos y la metadata de la aplicación.

▶ Por ejemplo si vas a usar imágenes en el proyecto, debes guardarlas en una carpeta creada en el directorio del proyecto. Además debes hacer la referencia a esas imágenes en el archivo pubspec.yaml.

▶ Si vas a usar un paquete externo debes instalarlo en el archivo **pubspec.yaml.**

```
environment:
  sdk: ^3.6.1


# Dependencies specify other packages that
# To automatically upgrade your package de|
# consider running `flutter pub upgrade --|
# dependencies can be manually updated by |
# the latest version available on pub.dev.
# versions available, run `flutter pub out|
dependencies:
  flutter:
    sdk: flutter


  # The following adds the Cupertino Icons
  # Use with the CupertinoIcons class for |
  cupertino_icons: ^1.0.8


dev_dependencies:
  flutter_test:
    sdk: flutter
```

En la siguiente imagen puedes observar señalados por flechas el archivo main. dart y pubspect.yaml.

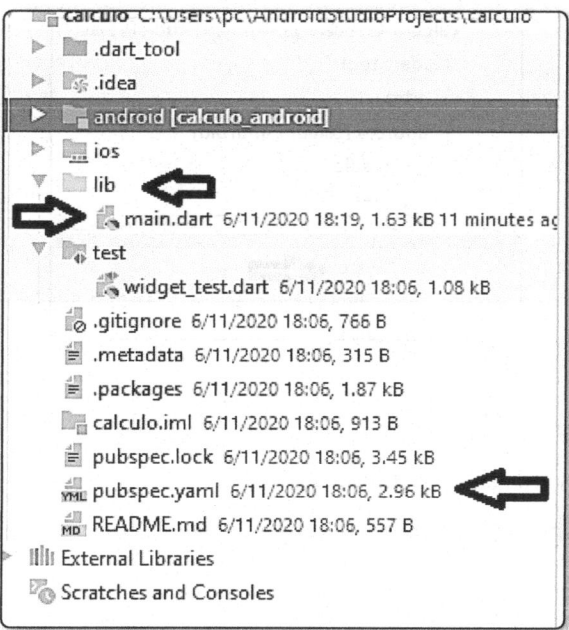

Ahora expande la carpeta Android que contiene los recursos para desarrollo de apps para Android.

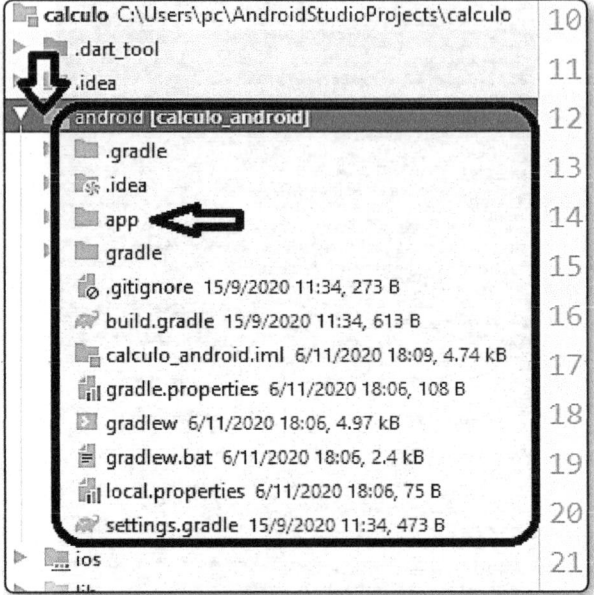

La carpeta **app** se encuentra allí.

Abre la carpeta **app** y allí está la subcarpeta **src.**

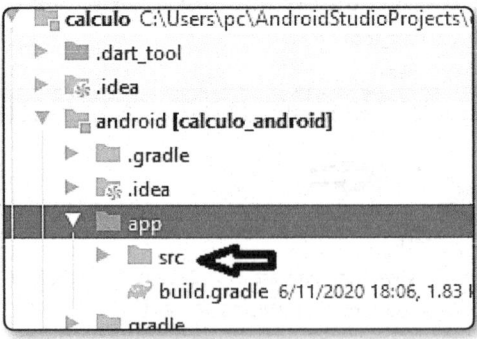

Carpeta src

Abre src y allí veras su contenido.

Contiene las subcarpetas debug, main y profile.

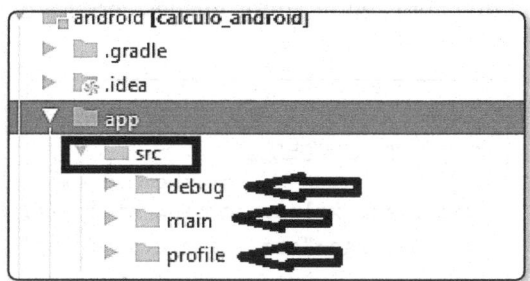

Abre **debug** y allí encontraras el **AndroidManifest.xml.**

AndroidManifest.xml

Es donde se configuran los permisos que tienes que pedir al usuario antes que instale tu app.

Fíjate en el siguiente código ubicado en AndroidManifest.xml.

   <uses-permission android:name="android-permision.INTERNET"/>.

Se está pidiendo permiso al usuario para usar su internet en la app.

También aquí puedes cambiar el nombre a la app.

```
<manifest xmlns:android="http://schemas.android.com/apk/res/android"
    package="com.example.calculo">
    <!-- Flutter needs it to communicate with the running application
         to allow setting breakpoints, to provide hot reload, etc.
    -->
    <uses-permission android:name="android.permission.INTERNET"/>
</manifest>
```

Ahora cierra el archivo AndroidManifest.xml.

Cualquier ventana que abras en el editor puedes cerrarla dando clic en x arriba del editor.

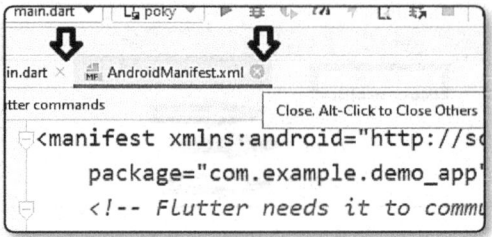

Carpeta main.

Abre la carpeta main y verás varias subcarpetas, enfócate en la subcarpeta res.

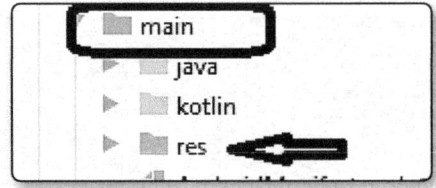

Abre res.

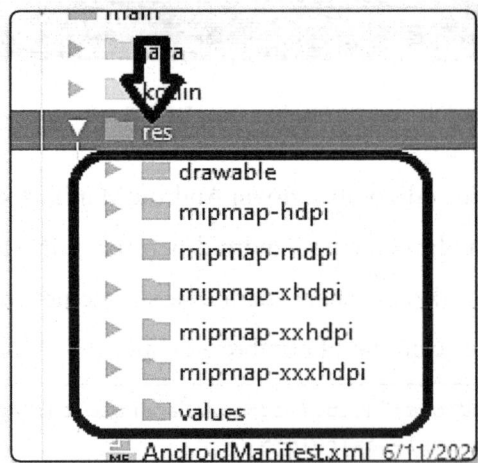

La carpeta **drawable** está allí, junto a varias carpetas con imágenes en varias resoluciones.

La carpeta res tiene los recursos de imágenes para el icono que mostrará la app y tienes que visitar esta carpeta res, si deseas cambiar el icono.

Si vas a agregar imágenes para el icono de tu proyecto, es aquí donde debes colocarlas.

Da clic en mipmap-hdpi te mostrará el archivo que contiene, es un archivo de imagen.

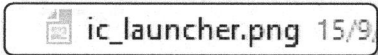

Ábrelo…

Es el icono lanzador. Es decir el que se muestra en la pantalla.

Ahora pasemos a la carpeta iOS.

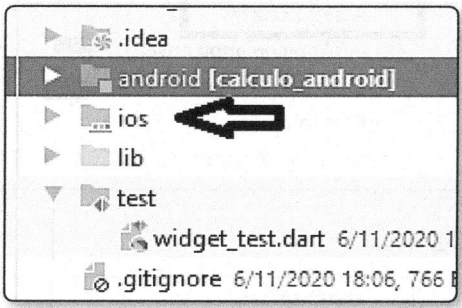

Ábrela.

La carpeta iOS tiene varias subcarpetas.

Runner es la subcarpeta en la cual colocaremos los archivos de imágenes para icon, que vienen contenidos en el paquete Assets.xcassets.

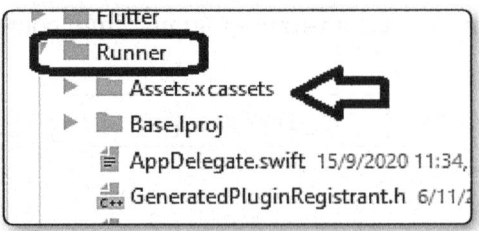

Si abres **Assets.xcassets** verás lo siguiente…

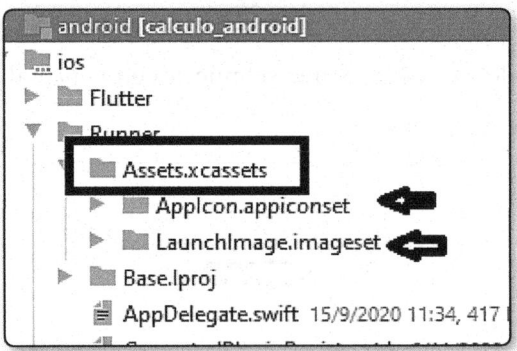

Son archivos de imágenes.

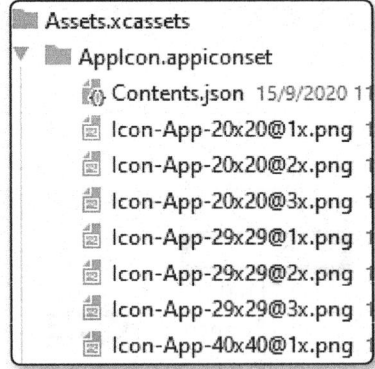

Abre uno…

Son imágenes predefinidas de Flutter para la creación del icono.

Antes de pasar a otro tema no olvides que en esta área está el archivo pubspec. yaml.

pubspec.yaml

Archivo en el cual se configuran las dependencias y archivos de imágenes assets y los paquetes procedentes de pubs.dev.

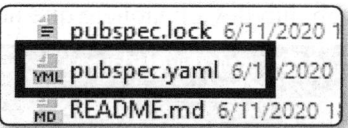

pubspec.yaml se visita con frecuencia para colocar allí los paquetes que descargues de internet, específicamente de pub.dev que es una página web que provee paquetes para flutter y otros entornos de desarrollo.

También debes visitar este archivo cuando utilices imágenes en tus proyectos, a menos que vengan de internet o de un archivo local en tu pc.

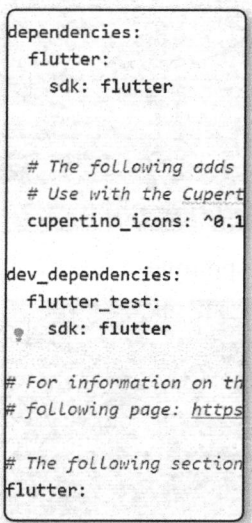

Gestionando paquetes y dependencias en pubspec.yaml

Los paquetes son colecciones de código reutilizable que te permiten añadir funcionalidades a tu aplicación sin tener que escribir todo el código desde cero.

Para añadir un paquete a tu proyecto, debes seguir estos pasos:

1. Busca el paquete que necesitas en *pub.dev*.

2. Añade la dependencia en el archivo pubspec.yaml.

3. Ejecuta flutter pub get en la terminal para descargar el paquete.

4. Importa el paquete en tu código Dart.

Ejemplo

Para añadir el paquete http que permite realizar peticiones HTTP, debes hacer lo siguiente:

1. Busca en la página web pub.dev el paquete que necesitas.

2. Escribe el paquete que buscas en la casilla del buscador de pub.dev.

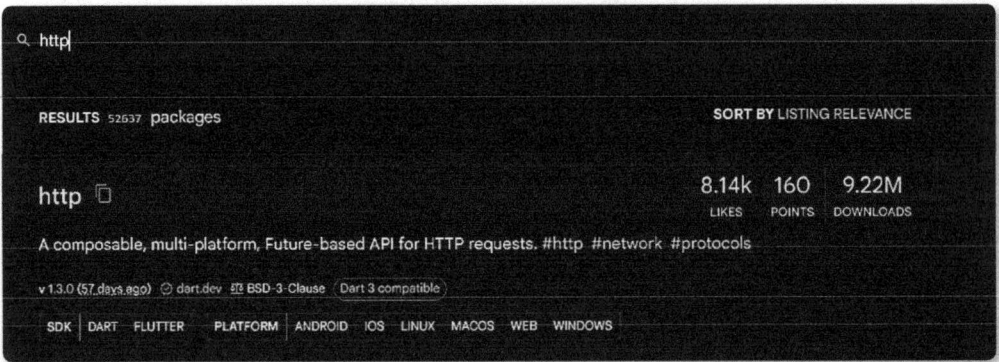

3. Te mostrará el paquete disponible.

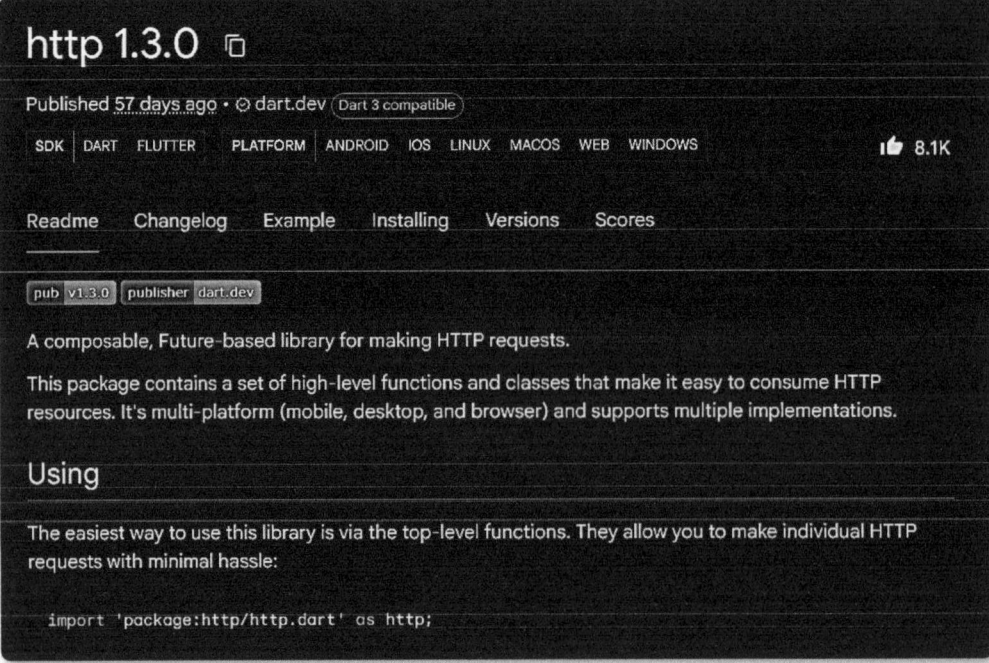

4. Clic en Instalación (Installing) y te llevará a la ventana donde te explica con detalle el paquete que instalaras en dependencias del pubspec.yaml.

También te da el código para hacer la importación del paquete en main.dart.

También puedes hacer la instalación del paquete usando comandos de Dart y Flutter.

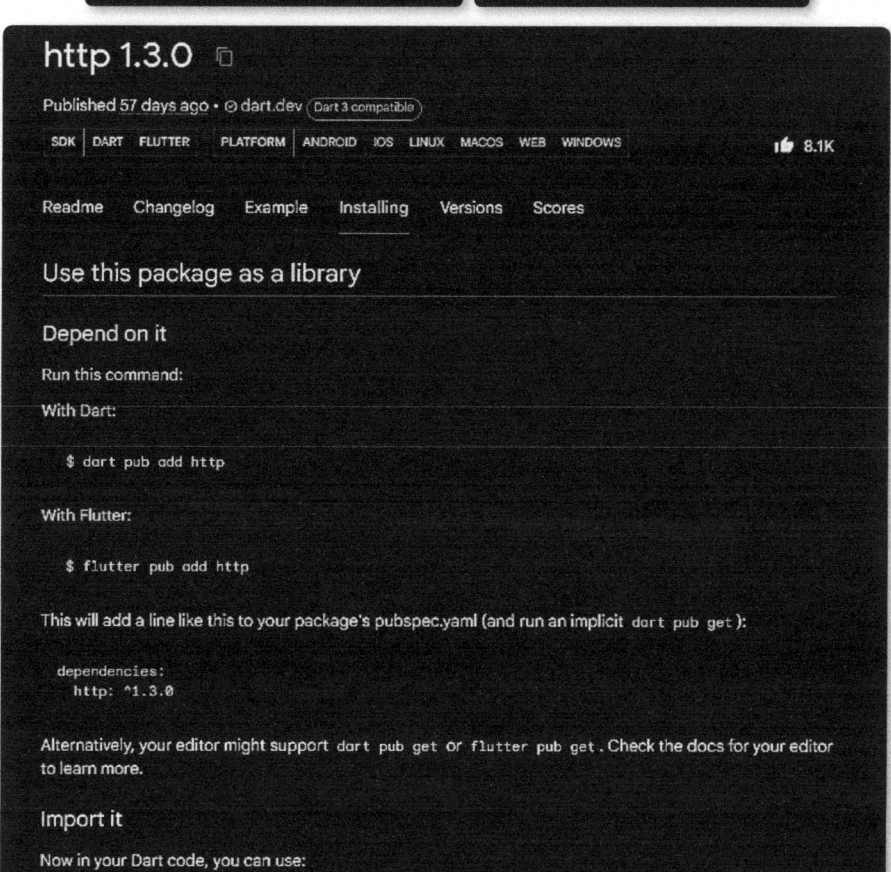

Dependencias en pubspec.yaml

dependencies:

```
http: ^1.3.0.
```

Luego, ejecuta flutter pub get y podrás usar el paquete en tu código:

```
import 'package:http/http.dart';
```

Utilizando recursos

Los recursos son archivos que se incluyen en la aplicación, como imágenes, iconos, audios, fuentes, etc.

Crea la carpeta assets para guardar imágenes en el proyecto.

Clic derecho en el nombre del proyecto.

Del nombre del proyecto navegas New y de aquí a Directory.

Al dar clic derecho sobre Directory abre una casilla para que escribas el nombre de esa nueva carpeta que se llamará assets.

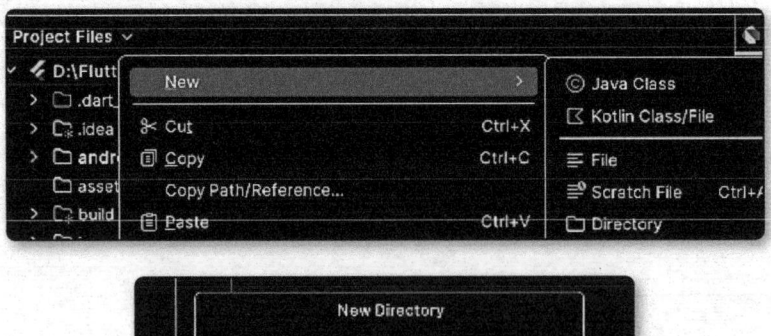

Dale Enter y observa la carpeta assets en el árbol de archivos y paquetes.

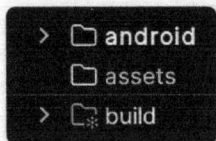

Para utilizar una imagen en tu aplicación, debes seguir estos pasos

1. Añade la imagen en la carpeta assets de tu proyecto.

2. Declara la imagen en el archivo pubspec.yaml.

3. Utiliza el Widget Image.asset() para mostrar la imagen en tu código.

Ejemplo

```
assets:
   - assets/vademecum.jpg.
Image.asset('assets/vademecum.jpg').
```

El archive pubspec.yaml es bien sensible a la indentacion lo que significa que la primera letra, carácter o fuente de los paquetes debe tener espacios predefinidos previamente.

En secciones posteriores de este libro habrá ejemplos para que este tema de agregar recursos a pubspec.yaml quede bien claro.

El archivo **pubspec.yaml** es uno de los más visitados por el desarrollador en Flutter. Escrito en formato YAML (un lenguaje de serialización de datos legible para humanos), es donde se definen todas las reglas, dependencias y recursos que la aplicación necesita para funcionar y compilarse correctamente.

A continuación un resumen de sus secciones

1. Identificación del Proyecto

▶ **name**: el nombre de su aplicación (debe ser en minúsculas y usar guiones bajos).

▶ **description**: una breve explicación de lo que hace el proyecto.

▶ **version**: define la versión de su app (ej. 1.0.0+1). El número después del + es el número de compilación, vital para subir actualizaciones a la Play Store o App Store.

2. Entorno (Environment)

Esta sección es crucial para asegurar la compatibilidad con el SDK de Flutter que descargó manualmente.

▸ **sdk**: especifica el rango de versiones de Dart compatibles. Si está usando **Flutter 3.38.7**, este archivo se asegura de que el código no se ejecute en versiones antiguas que podrían generar errores de compilación.

3. Dependencias (dependencies y dev_dependencies)

▸ **dependencies**: aquí se listan los paquetes o librerías externas que su app necesita para ejecutarse, como http para internet o provider para el estado.

Hay muchos paquetes que deben instalarse aquí, según lo requiera el proyecto.

▸ **dev_dependencies**: paquetes que solo se usan durante el desarrollo (como herramientas de prueba o generadores de código), pero que no se incluyen en la versión final que el usuario descarga.

4. Recursos y Activos (Flutter)

Bajo la etiqueta flutter, se configuran los elementos visuales que no son código:

▸ **uses-material-design: true**: habilita los iconos y componentes de Material Design.

▸ **assets**: es la lista de imágenes, vídeos o archivos JSON que desea incluir en su app.

▸ **fonts**: donde se declaran las tipografías personalizadas que darán estilo a sus textos.

Resumen

En este capítulo, hemos aprendido sobre la estructura de un proyecto Flutter, cómo gestionar paquetes y dependencias, y cómo utilizar recursos como imágenes e iconos. Se conoció la importancia de conocer la ubicación de la carpeta lib y su principal contenido el archivo main.dart.

Los archivos y carpetas más visitados mientras se desarrollan apps con Flutter son la carpeta lib y su archivo main.dart, el archivo pubspec.yaml en donde se agregan las dependencias. La página pub.dev es la que proporciona valiosos paquetes externos o creados por terceros y que ahorran trabajo al proveer datos y funcionalidades empaquetadas.

Preguntas

1. ¿Qué es el archivo pubspec.yaml y para qué sirve?

2. ¿Cómo se añade un paquete a un proyecto Flutter?

3. ¿Dónde se almacenan las imágenes en un proyecto Flutter?

4. ¿Cómo se declara una imagen en el archivo pubspec.yaml?

5. ¿Qué Widget se utiliza para mostrar una imagen en Flutter?

6. Donde se encuentra el archivo main.dart.

7. Defina la importancia de la carpeta lib.

8. En qué carpeta se encuentran las imágenes para el icono de iOS.

Ejercicios

1. Añade el paquete url_launcher a tu proyecto.

2. Crea una aplicación que muestre una imagen desde la carpeta **assets.**

3. Investiga cómo utilizar iconos en Flutter.

4. Dedica 15 minutos a abrir carpetas y subcarpetas en el directorio de archivo del proyecto.

MÁS SOBRE EL IDE

Objetivos

- ☛ Conocer el IDE Android Studio.
- ☛ Identificar las herramientas de desarrollo del IDE.

Introducción

Conocer las herramientas, facilidades y ayuda que el entorno de desarrollo (IDE) Android Studio ofrece para programar con Flutter es crucial para aumentar la productividad en el desarrollo.

En este capítulo damos detalles de cómo encontrar y utilizar cada elemento de Android Studio.

No profundizamos en Android Studio porque para eso hay un libro de la serie "Desarrollo practico de Apps con Dart, Flutter y Android Studio" dedicado completamente a Android Studio para flutter.

Sí, explico lo elemental para manejar el IDE para el desarrollo de tus proyectos con Flutter.

Android Studio

Es un entorno de desarrollo presentado en mayo del 2013 en la conferencia I/O de Google. La primera versión estable se publicó en diciembre del 2014.

Tiene editor, emulador y muchas características como sugerencia para completar código. Y ahora tiene incorporado a Gemini la IA de Google.

Abre Android Studio presionando el icono correspondiente. A estas alturas ya lo debes tener instalado por lo que solo busca si hay versiones más recientes para que las instales.

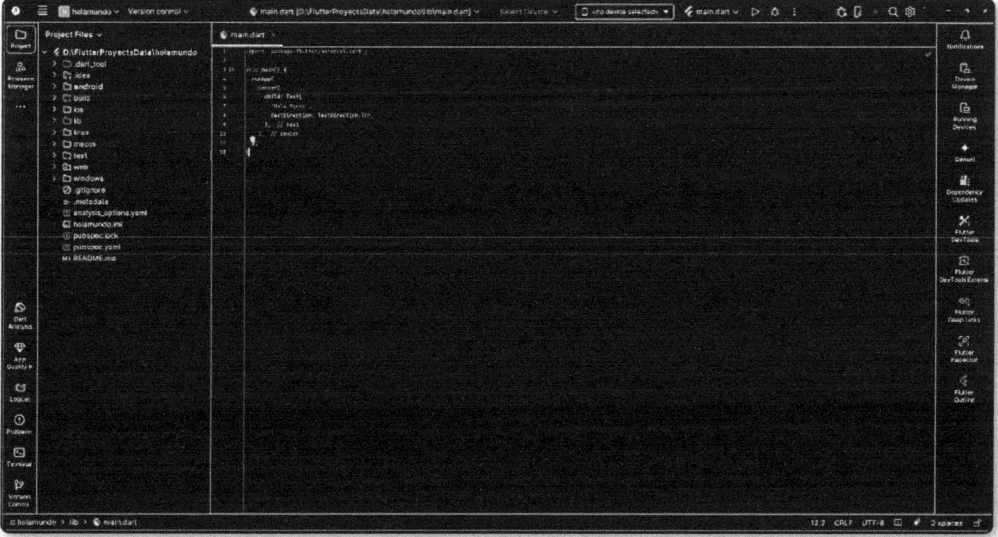

En la imagen anterior puedes ver el aspecto general que tiene Android Studio.

A continuación se muestran secciones individuales del IDE.

Contiene los archivos del proyecto.

Si los archivos no son visibles, abre esta carpeta y se desplegará el directorio de archivos, paquetes y recursos como se ve a continuación.

Directorio de archivos, paquetes y recursos del proyecto.

```
main.dart  ×

1    import 'package:flutter/material.dart';
2
3 ▷  void main() {
4      runApp(
5        Center(
6          child: Text(
7            'Hola Mundo',
8            textDirection: TextDirection.ltr,
9          ), // Text
10       ), // Center
11     );
12   }
13
```

Editor

El editor es la pizarra donde escribiremos el código fuente del proyecto.

Si prefieres color claro puedes cambiarlo en File, Setting, Appearance & Behavior, Appearance, Theme y allí escoge el modo claro, oscuro o intermedio.

A continuación, imagen de la barra de menú.

Bajo este menú hay submenús que debes revisar y conocer.

En la imagen que sigue se muestran funcionalidades útiles para la programación.

Cada uno de los elementos mostrados en la imagen tiene su funcionalidad.

Barra de menús

Para abrir la barra de menú debes dar clic en el icono  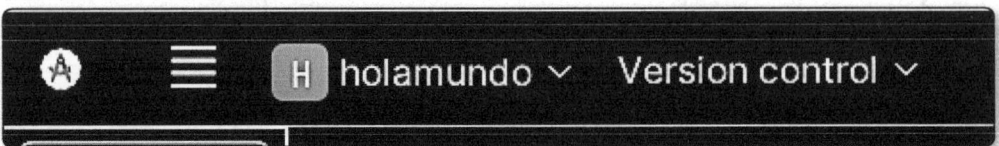 que se encuentra en la esquina superior izquierda del IDE.

Te mostrará la siguiente barra de menús.

Abre el menú File y se mostraran los siguientes submenús.

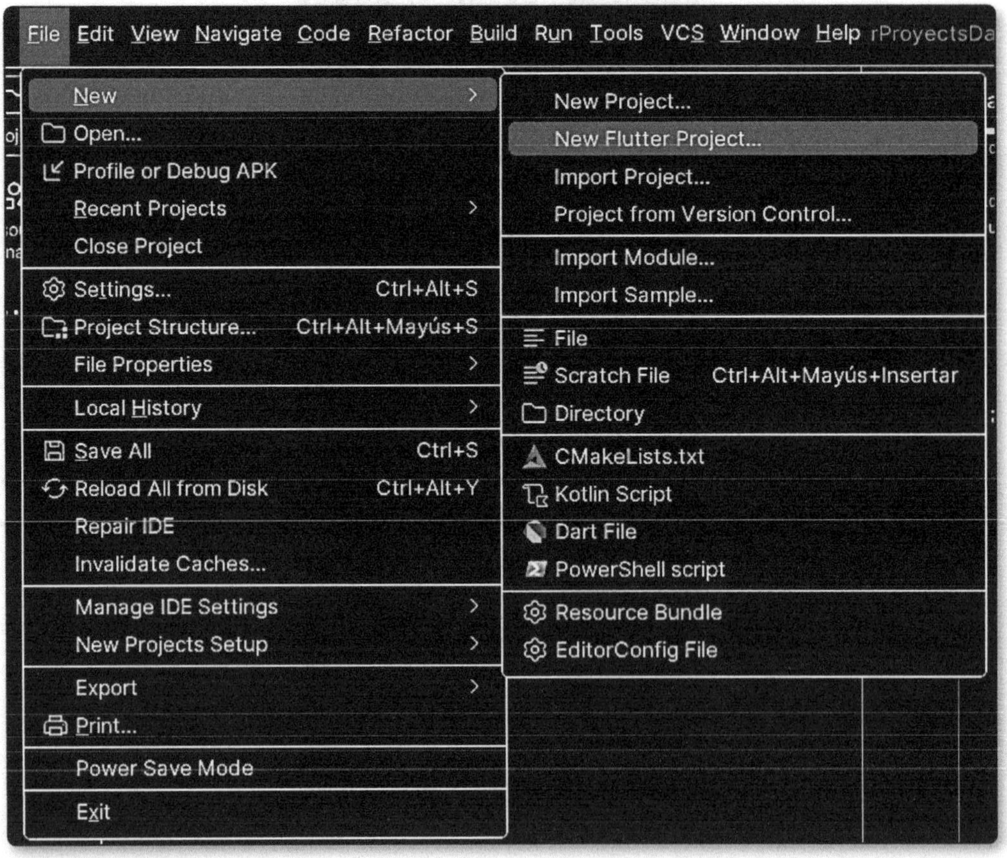

La barra de menús puedes ocultarla en un menú en la esquina superior izquierda del IDE.

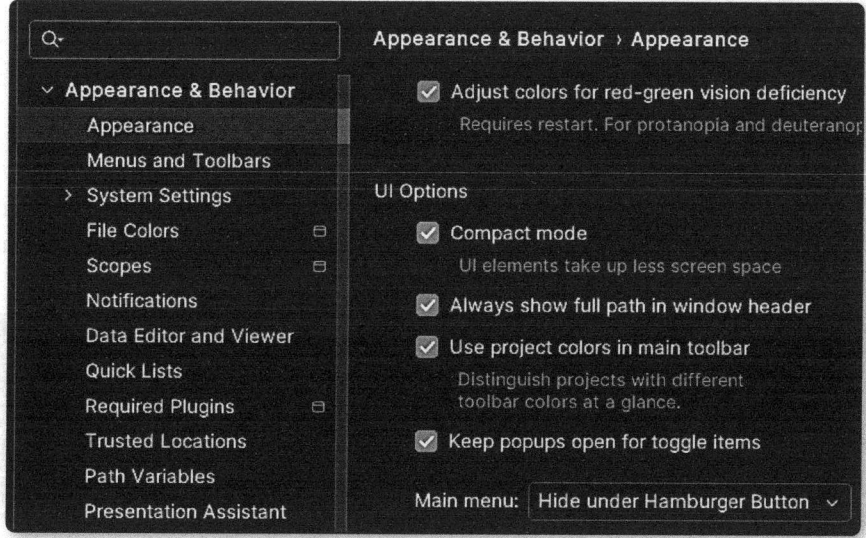 Parece una rejilla que al darle clic extiende el menú.

Si lo tienes oculto y quieres que esté siempre extendido o si así y quieres ocultarlo entonces ve a File, Setting, Appearance & Behavior, Appearance, UI options y allí buscas algo parecido a la siguiente imagen en una línea que recuerda una hamburguesa.

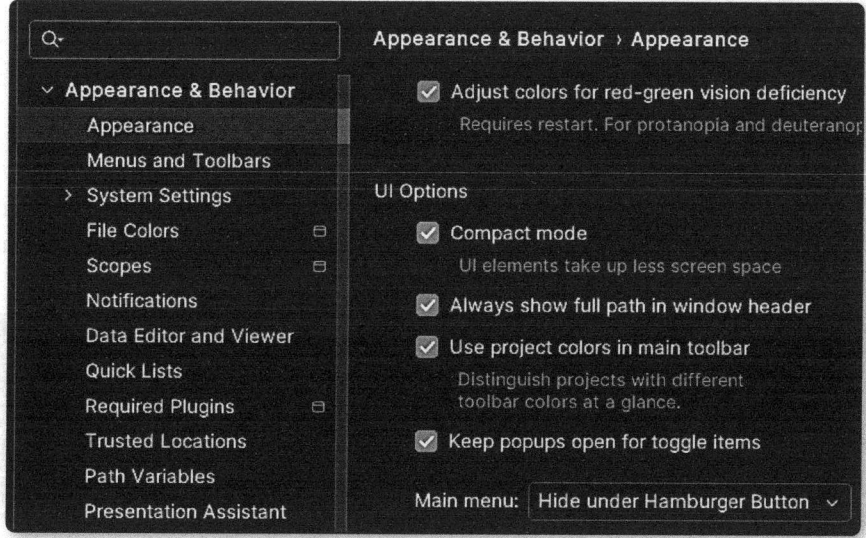

Presionando Hide ocultas y presionando Show lo muestras.

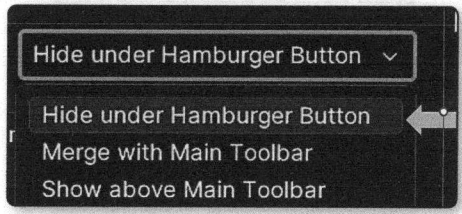

Especial atencion dale a File →New→New Flutter Project, es la ruta para crear un proyecto nuevo en Flutter.

- **Open:** esta carpeta permite revisar los proyectos, presentes en los archivos, si es que los hay.

- **Recent Projects**: muestra lista de proyectos abiertos recientemente.podeis habrirlos desde aquí sin necesidad de ir a la carpeta usando rutas mas largas.

- ▶ **Close project:** cierra el proyecto.

- ▶ **Setting:** permite acceder a la configuracion del IDE, desde el color del editor, el estilo de la fuente, hasta los plugins de Dart y Flutter.

- ▶ **Save All:** salva o guarda el proyecto abierto.

- ▶ **Exit:** sale del proyecto.

Cambiar la apariencia del editor

File →Setting→Appearance & Behavior → Appearance → Theme.

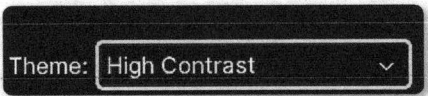

La ruta para llegar y cambiar el editor es como se señala antes y se muestra en la imagen siguiente. File → Project Files → Settings →Appearance & Behavior →Appearance → Theme.

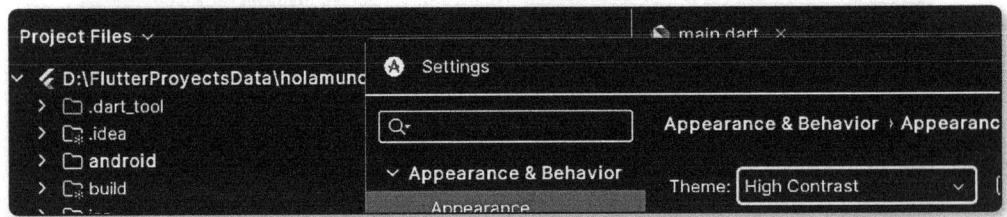

Luego despliega el menú y elige Light.

Selecciona Light y el editor tendrá apariencia clara.

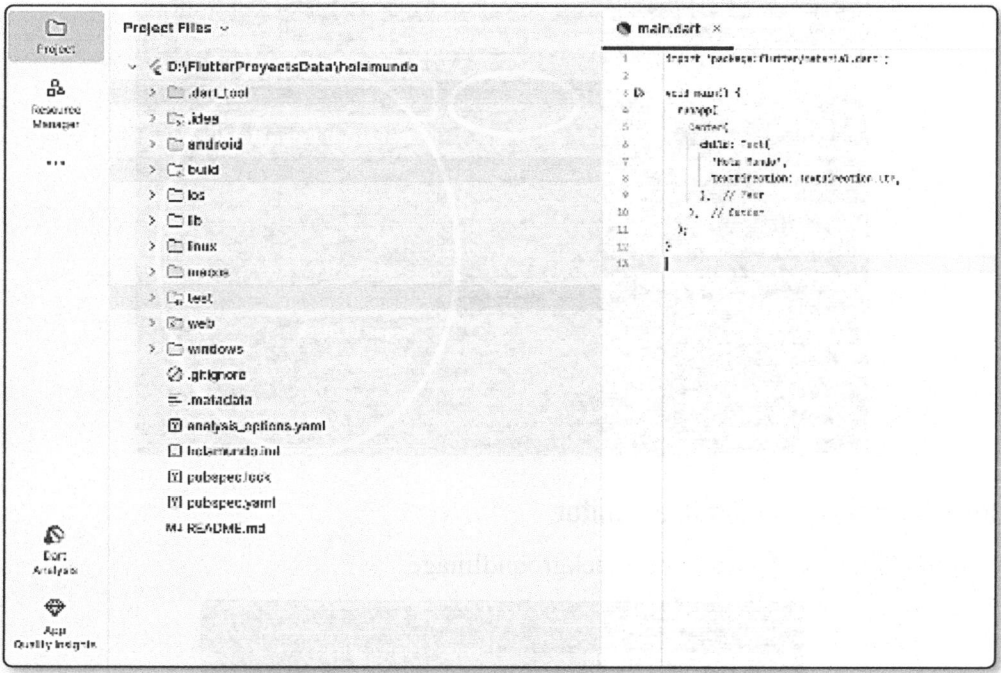

Haz las pruebas cambiando a otras opciones y ve los resultados, quédate con el que quieras.

Aumentar el tamaño de las letras del Menú

File>Settings>Appearance>Use custom font>Size y escoger el número, predeterminado es 12.

Cambiar tipo de letra del menú:

Misma ruta para cambiar tamaño y se elige en la lista desplegable de Use custom font.

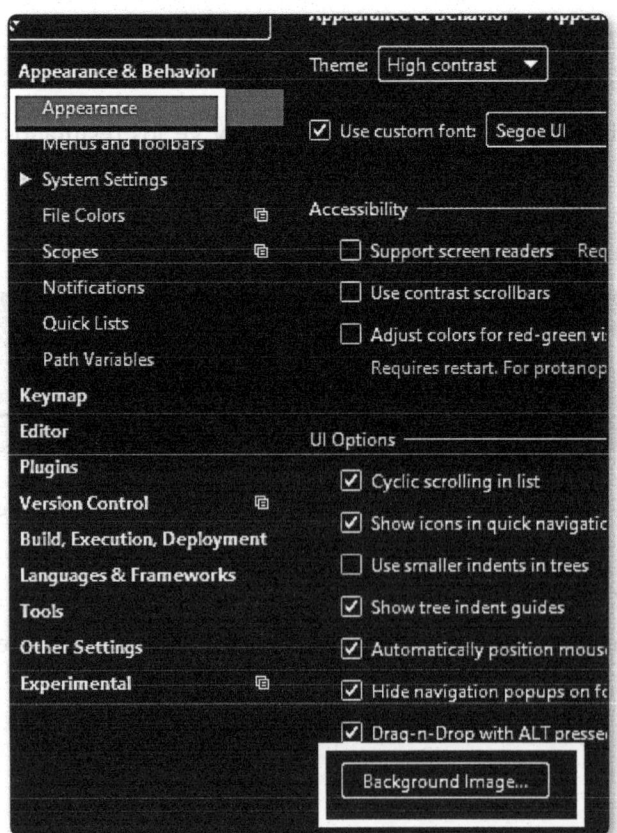

Insertar imagen de fondo en editor

File>Settings>Appearance>BackgroundImage.

En el cuadro de dialogo que se muestra, da clic en los tres puntos y escoge una imagen archivada en tu pc, disminuye la opacidad porque al tener demasiada no podrás ver el código.

Luego eliges si el fondo es solo para el proyecto actual o para todos los que hagas, luego clic en ok y ya.

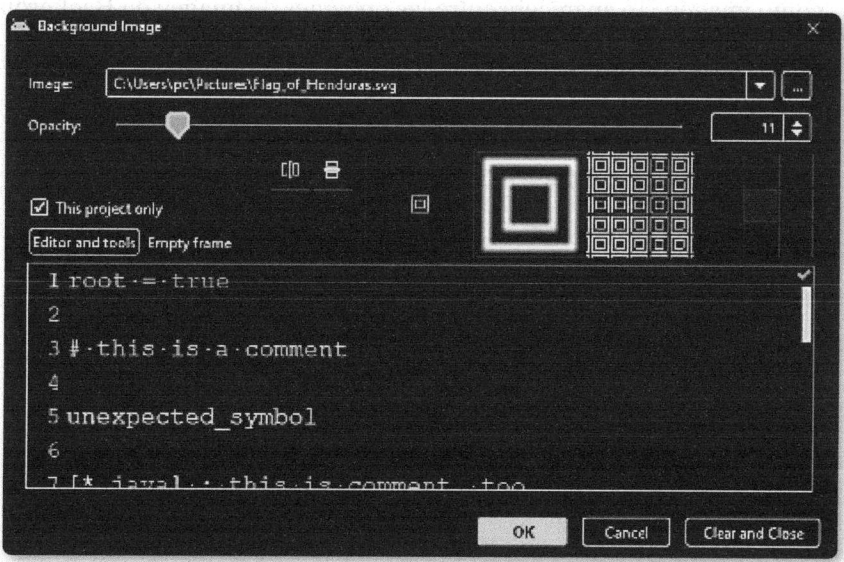

Ejemplo

Cambiar el color del editor de código

Si quieres crear un fondo diferente en tu editor, por prueba o porque lo deseas, puedes crear una página en Word, te vas a diseño en el menú y luego a color de página, escoges el color, haces un print o imprimir pantalla y lo pegas en Paint, recortas un pedazo y lo pegas en otra página Word, selecciona lo que pegaste y lo guardas como imagen. Te aparecerá entre las opciones de imagen en Background del IDE y podrás seleccionarlo.

Parece complicado pero es más fácil de lo que parece.

Editor color morado.

```
File  Edit  View  Navigate  Code  Analyze  Refactor  Build  Run  Tools  VCS  Window  Help      Clima-Flutter - main.dart - A...
Clima-Flutter  lib  main.dart
main.dart ×   framework.dart ×   ...th.dart ×   duration.dart ×   loading_screen.dart ×   pubspec.yaml ×
 1   import 'package:flutter/material.dart';
 2   import 'package:clima/screens/loading_screen.dart';
 3   import 'package:geolocator/geolocator.dart';
 4
 5   void main() -> runApp(MyApp());
 6
 7   class MyApp extends StatelessWidget {
 8     @override
 9     Widget build(BuildContext context) {
10       return MaterialApp(
11         theme: ThemeData.dark(),
12         home: LoadingScreen(),
13       ); // MaterialApp
14     }
15   }
```

Con esta técnica puedes cambiarle el fondo al editor con el color que tú quieras lo único que debes recordar es que Flutter/Android Studio/Dart usan los colores azul, rojo, amarillo para diferenciar bloques de código y señalar errores, por lo que si escoges algunos de esos colores a lo mejor no vas a leer los caracteres en el editor, también maneja la opacidad para mayor claridad del código.

De esta manera ya tienes más opciones de fondo que las que el IDE ofrece.

Siempre en Appearance o apariencia puedes configurar la claridad con la que se vean las letras en el IDE y/o el editor, configurando en la siguiente plaza.

Predeterminado en Subpixeles pero si la cambias a escala de grises se hace menos definida la letra.

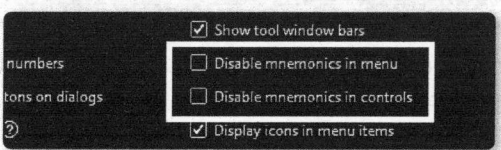

En el siguiente cuadro de dialogo en el IDE se puedes definir atajos o reglas mnemotécnicas para los menús y controles.

Si está en modo deshabilitado verás que la primera letra del nombre de cada menú aparece subrayada.

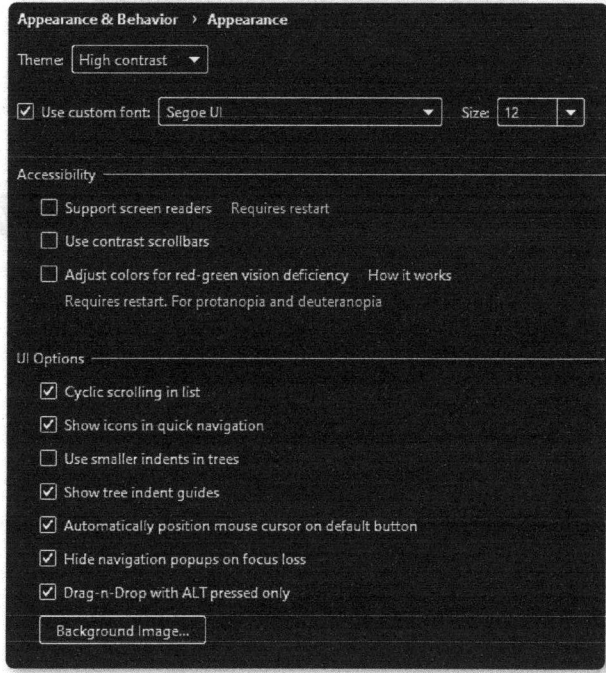

Si probando la configuración desactivaste o activaste un ítem importante, te muestro como debería estar la apariencia del IDE para que funciones bien.

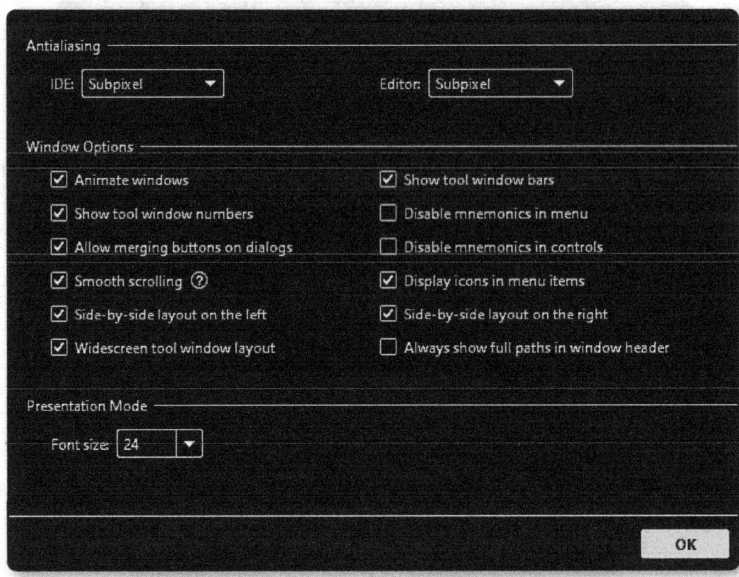

Si tienes seleccionada la última opción podrás ver la ruta completa del proyecto abierto en la parte superior del IDE.

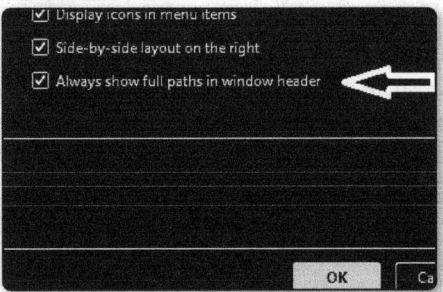

Clima-Flutter [C:\Users\pc\AndroidStudioProjects\Clima-Flutter] - ...\lib\main.dart - Android Studio

Ahora dejamos Apariencia y pasamos a System Settings en donde hay importantes configuraciones como las siguientes:

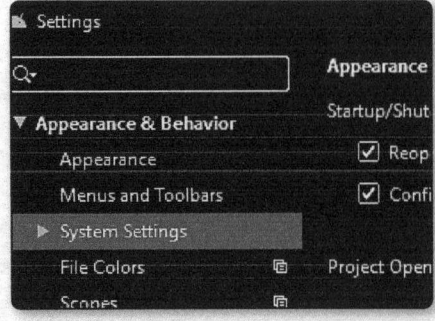

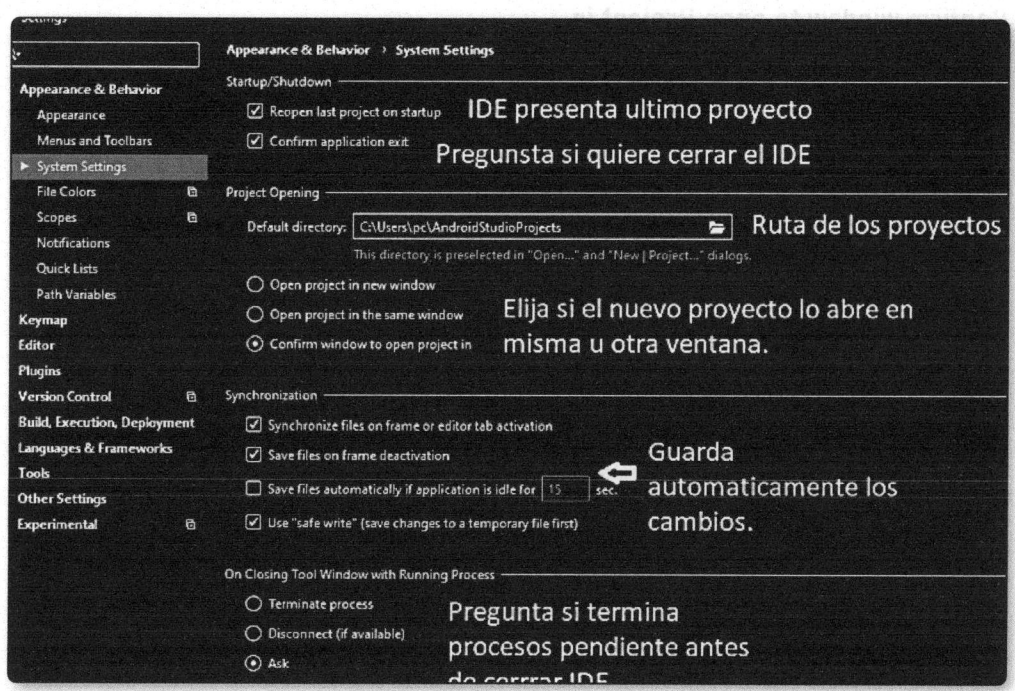

Reopen Last Project in Startup

Al iniciar Android Studio muestra el último proyecto abierto antes de cerrar A.S.

Confirm Application Exit

Si vas a cerrar Android Studio te pregunta si realmente quieres salir.

Open Project in new Window.

Si esta seleccionada y tienes abierto un proyecto pero quieres abrir otro, lo abrirá en nueva ventana dejando el actual abierto.

Es útil cuando deseas comparar el código de dos o más proyectos.

Open Project in the same Window

Si esta seleccionada y tienes abierto un proyecto pero quieres abrir otro, lo abrirá en misma ventana cerrando el actual.

Confirm window to open Project in

Si estás en un proyecto y deseas abrir otro, te preguntaran si lo abre en otra o misma ventana.

Guardar los archivos automáticamente

Save files automatically if application is idle for x sec.

Si el IDE no tiene actividad por un tiempo determinado puede configurar que se guarden los archivos automáticamente después de cierto tiempo.

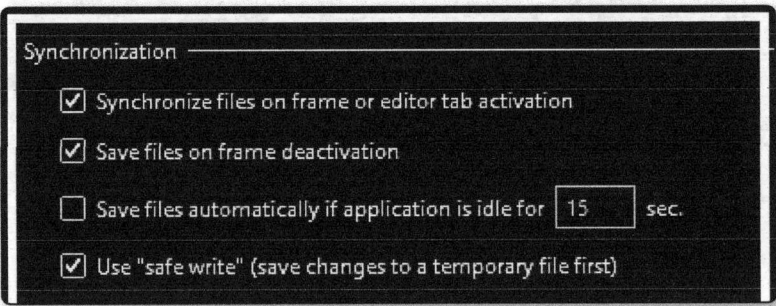

On Clossing Tool Window with Running Process.

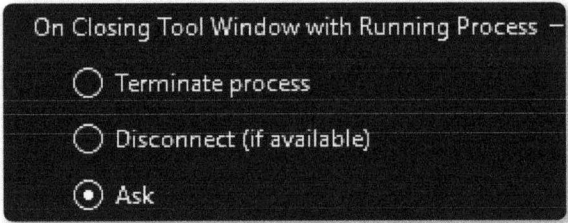

La mejor opción en este cuadro de dialogo es Ask porque si estás ejecutando un proyecto y tocas el botón para cerrar el IDE, te preguntaran si terminas el proceso antes de cerrar.

A continuación una imagen de cómo debería estar configurado el IDE en la sección System Settings.

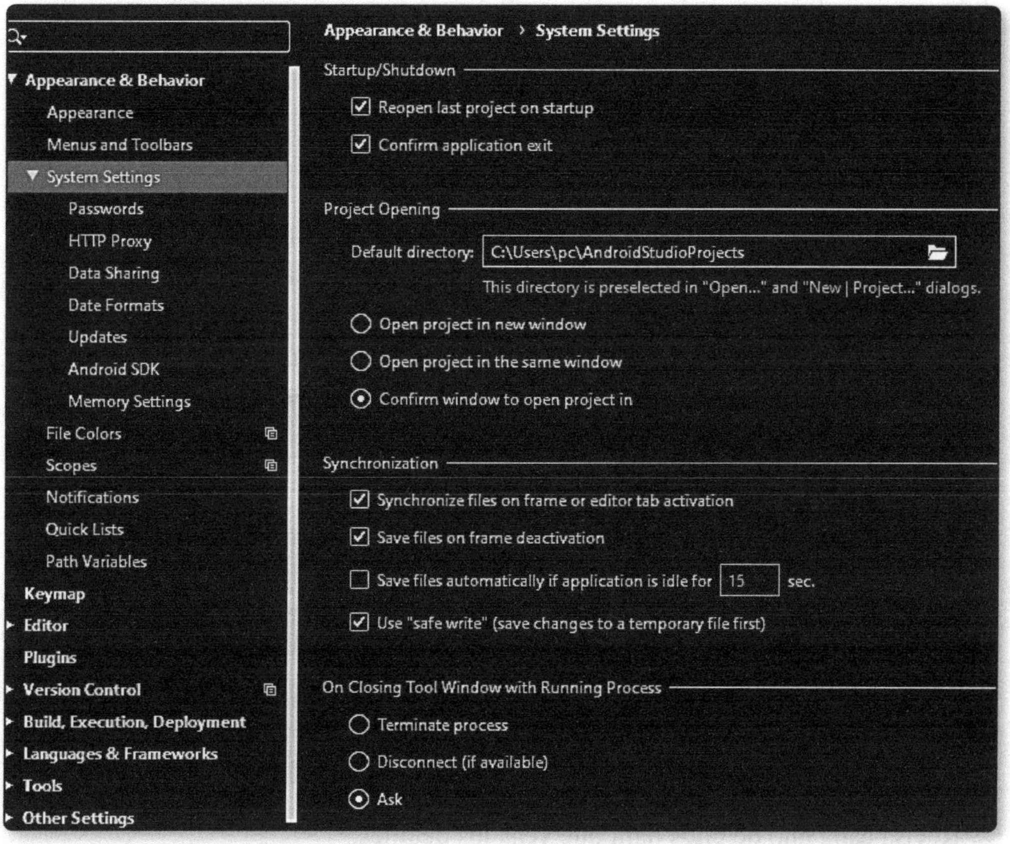

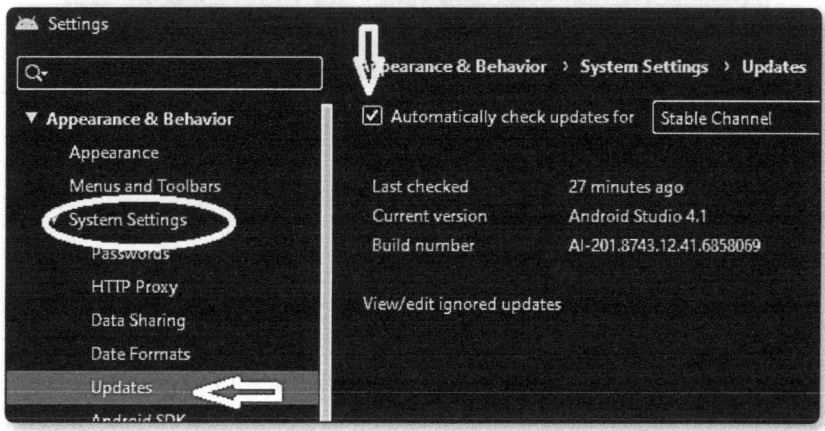

Actualizar herramientas Del IDE

File>Settings>System Settings>Updates>Automatically chek updates for>Stable channel.

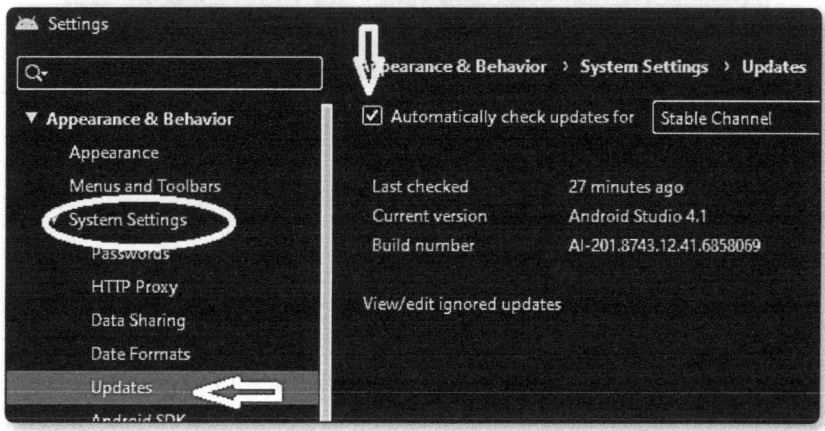

Configurado así, el IDE te informará de nuevas actualizaciones que aceptarás o no.

Chequear el SDK

File>Settings>System Settings>Android SDK.

Abre un cuadro de dialogo en donde moviéndote entre las tres opciones puedes ver la plataforma del SDK (SDK platforms), las herramientas del SDK (SDK tools) y los sitios web de las actualizaciones (SDK Update Sites).

En el menú Help también hay un ítem Updates para actualizar.

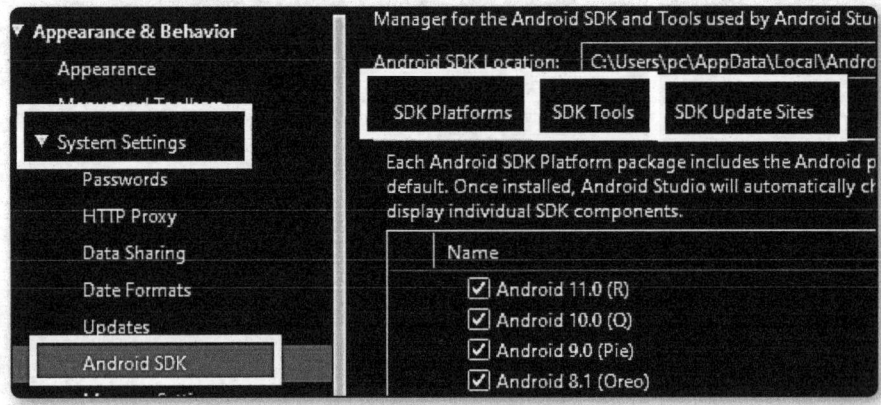

Revisa cada uno de ellos para que veas los detalles.

En la parte inferior del cuadro hay dos opciones que pueden darte más información de los paquetes instalados y no instalados.

Selecciónalos y deselecciónalos y ve los resultados.

Cambiar color al menú de archivos.dart

File>Settings>System Settings>file colors.

Abre un cuadro en donde puedes escoger el color.

Es bueno que te fijes antes cual es el color predeterminado porque si no seleccionas el apropiado no mirarás el nombre del archivo porque quedarán invisibles por el fondo.

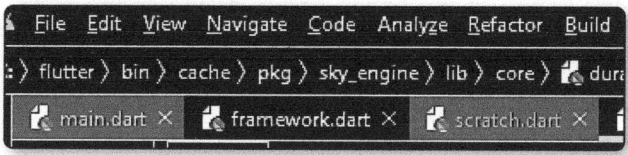

Notifications

En File>Settings>System Setting>Notifications.

Podrás activar o desactivar los mensajes que el IDE te muestra relacionado lo que sucede con el Proyecto o con el mismo IDE.

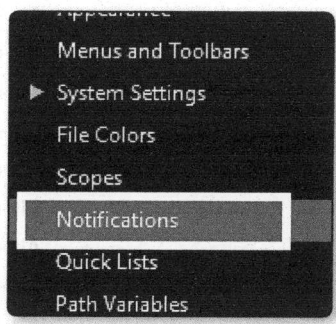

En esa misma área observa Keymap que permite configurar atajos para diversas acciones como seleccionar todo, guardar el proyecto, ir a Settings, entre otros.

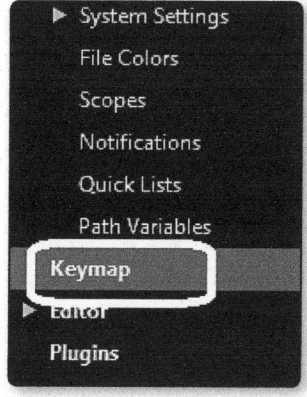

A continuación presento algunos atajos de uso frecuente.

ShortCuts(Atajos)

Ctrl + c = Copiar.	Alt + 60 = <.
Ctrl + v = Pegar.	Alt + 61 = =.
Ctrl + x = Cortar.	Alt + 62= >.
Ctrl + z = Deshacer última acción.	Alt + 160 = á.
Ctrl + a = Seleccionar todo.	Alt + 161 = í.
Ctrl + s = Guardar todo.	Alt + 162 = ó.
Ctrl + Alt + s = Settings.	Alt + 130 =é.
Ctrl + End (Fin) = Ir al final del código.	Alt + 163 = ú.
Ctrl + home (Inicio)= Ir al principio del código.	Alt + = á.
Alt +58=:	Alt + 123 ={.
Alt + 59-=;	Alt + 125 = }.
Alt + 60 = <.	Alt + 60 = <.
Alt + 61 = =.	Alt + 61 = =.
Alt + 62= >.	Alt + 62= >.
Alt + 160 = á.	Alt + 160 = á.
Alt + 161 = í.	Alt + 161 = í.
Alt + 162 = ó.	Alt + 162 = ó.
Alt + 130 =é.	Alt + 130 =é.
Alt + 163 = ú.	Alt + 163 = ú.
Alt + = á.	Alt + = á.
Alt + 123 ={.	Alt + 123 ={.
Alt + 125 = }.	Alt + 125 = }.

Dedica tiempo para aprender estos atajos de teclado y descubres unos nuevos. Te ahorran tiempo.

Configurar atajos de teclado

Puedes configurar tus propios atajos, solo tiene que usar combinaciones de teclas que no estén en uso para otro atajo.

Ejemplo

File>Settings>System files>Keymap>acciones en editor.

Busca Move Up and Scroll.

Moverse hacia arriba en el editor.

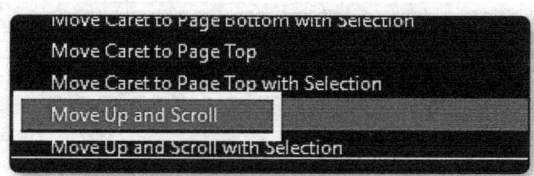

En la casilla que está a la derecha escribe la letra u.

U será el atajo para que al presionarla te moverás secuencialmente hacia arriba en el editor.

Lo puedes hacer también con la tecla subir, pero tienes que esperar que el cursor llegue al extremo superior del editor para empezar a moverse.

Move Down and Scroll

Si deseas desplazarte hacia abajo debes presionar la tecla m que ya está configurada.

Si haces lo anterior y ves que después de hacer atajos con letra u y v o cualquier otra letra el teclado no funciona para esa tecla, entonces simplemente vuelve a keymaps y elimina los cambios.

En este caso se sugiere hacer combinación de teclas como Alt+m.

Si vas a crear atajos es para que los uses, por lo que debes memorizarlos y utilizarlo.

No uses letras más lógicas como r de right o d de derecha o l de left o i de izquierda, porque el sistema ya las estaba utilizando.

Aumentar o disminuir tamaño de letra del editor

Hay dos formas:

Cambiando el tamaño de la letra en.

File>Settings>Editor>Font>Size.

Allí modificar el número, funciona bien en 18 pero puedes escribir el que tú quieras y que veas bien el código.

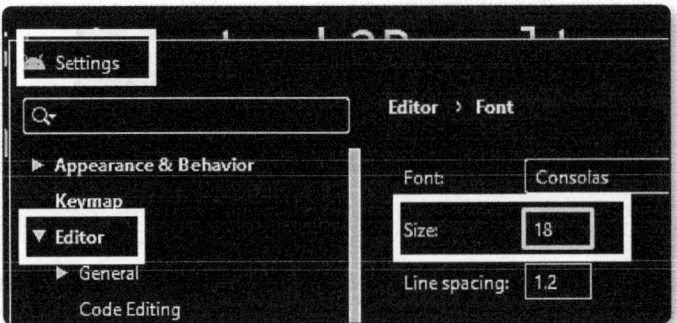

A veces para que se vea el efecto, debes reiniciar el IDE.

Dispones allí de un botón para Restore Default, es decir para volver a como estaba al inicio.

La otra forma de cambiar letra se explica a continuación, es realmente un Zoom+ o un Zoom- el que se hace.

File>Settings>Editor>General.

Ahora fíjate en la parte inferior del IDE.

Escribe un check en Change font size with Ctrl+Mouse Wheel.

Con esto seleccionado permitirá que disminuyas o aumentes el tamaño de letra en el editor al presionar Ctrl y girar la rueda del mouse hacia abajo o hacia arriba.

```
import 'dart:io';
import 'package:clima/scratch.dart';

void main() {
  performTasks();
}

void performTasks() async {
  task1();
  print(task2());
  // String task2Result = await task2();
  //task3(task2Result);
}

void task1() {
  String result = 'task 1 data';
  print('task 1 complete');
}
```

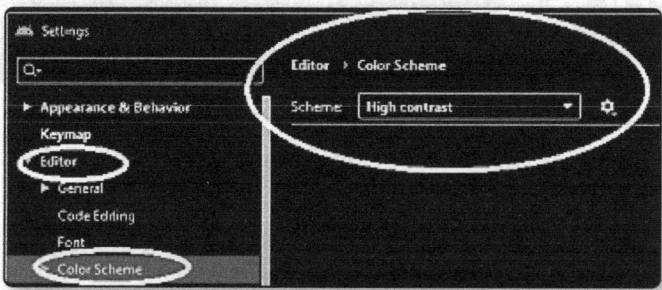

Cambiar esquema de sombreado del editor.

Es para modificar el color del editor, es diferente a lo que ya se explicó antes porque con color Scheme puedes modificar color aunque tengas una imagen.

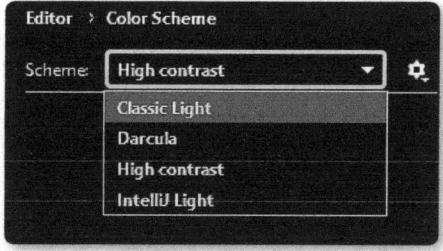

El diseño lo buscas aquí.

Agregar Pluggins

Sirve para agregar Pluggins como Dart y Flutter.

File>Settings>Pluggins.

En la ventana de dialogo busca en Marketplace, el Pluggin que te interesa y lo instalas.

También aquí puedes ver los que ya están instalados.

Si te perdiste después de este paseo por la configuración del IDE y no te funciona adecuadamente, tienes la opción de restablecer todo en File>Manage IDE Setting>Restore Default Settings.

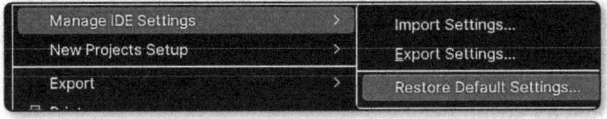

Edit

Es otro de los menús que visitarás con frecuencia.

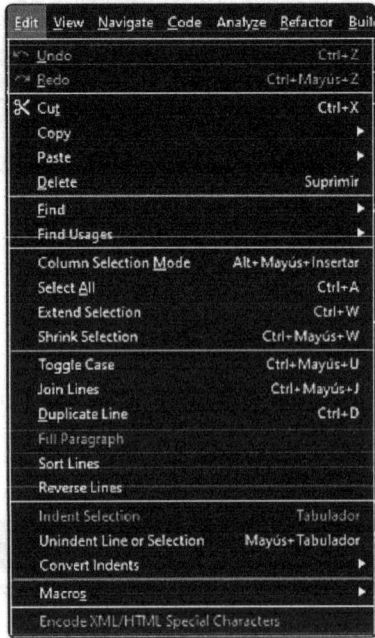

Cut, Copy, Paste y Delete se ocupan respectivamente para cortar, copiar, pegar y borrar.

Find

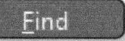

Contiene los siguientes submenús.

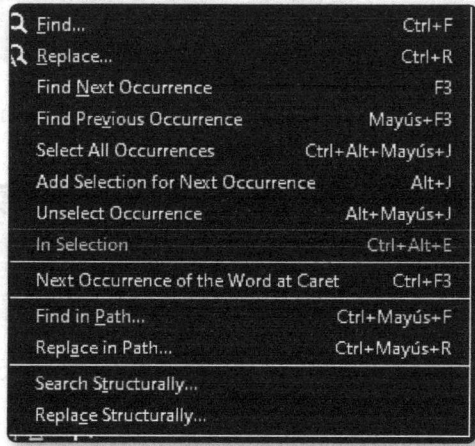

Clic en Find y se muestra en la parte superior del IDE una ventanita con un buscador en donde escribes una palabra que sabes que está en el código, te la mostrará.

Al buscar task y puedes ver que esta seleccionada en el editor.

Replace

Si además de buscar la palabra en el código, la quieres sustituir por otra, entonces en vez de Find, abrirás Replace y te presentará dos casillas una para que la busques y otra para que escribas la palabra sustituta.

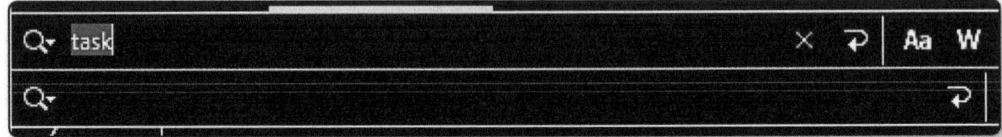

Si quieres reemplazar todas las palabras, allí está la opción **Replace all,** además en esa línea te muestra la cantidad de letras a reemplazar.

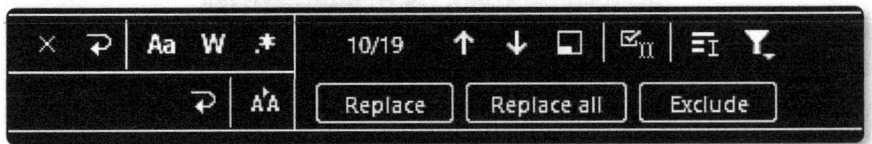

Para cerrar esas ventanillas solo da clic en el botón cancelar X cerca de esas casillas.

Column Selection Mode

Edit>Column selection mode

Permite seleccionar en columnas, bloques de código.

Funciona activándolo y desactivándolo.

Select All

Edit>Select All.

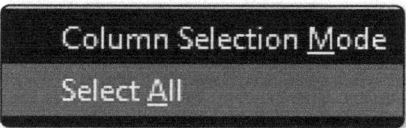

Con este submenú seleccionas todo el código en el editor, también lo puedes hacer con el atajo Ctrl +A.

```
import  package:flutter/material.dart ;
import 'location_screen.dart';
import 'package:flutter_spinkit/flutter_spinkit.dart';
import 'package:clima/services/weather.dart';


class LoadingScreen extends StatefulWidget {
  @override
  State<StatefulWidget> createState() {
```

Join lines

Edit>Join Lines.

Sirve para unir líneas, colocas el cursor en la línea que quieres unir.

Duplicar Line

Edit>Duplicar Line.

Colocas el cursor en la línea que quieres copiar, clic en Duplicate Line.

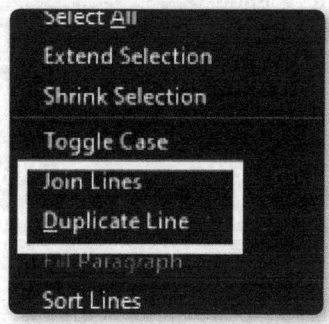

Toogle Case

Edit>Toogle Case.

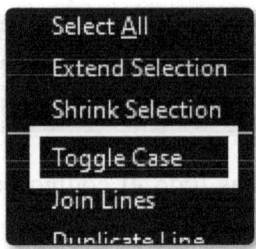

Sirve para cambiar un fragmento de código seleccionado a letra mayúscula o minúscula.

View

Los submenus son:

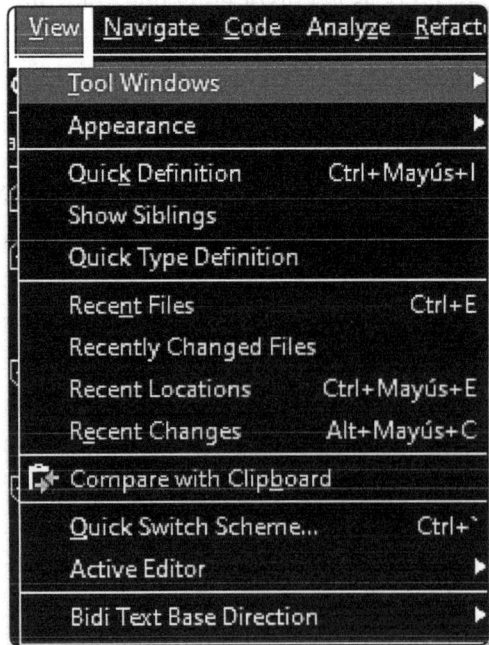

Habilitar ventanas en el IDE

View>Tool Windows.

Tool Windows.

Importante menú porque es aquí donde habilitamos la vista de las ventanas del IDE.

Tiene los siguientes submenus.

Ejemplo si en tu IDE no ves Flutter Outline o la Terminal, vienes aquí y lo habilitas. Lo mismo para las otras ventanas.

Te recomiendo que tengas en tu IDE las ventanas Run, Dart Analysis, Event Log, Flutter Outline, Flutter Inspector, Flutter Perfomance, Terminal y Todo.

Todas ellas las ocuparas con frecuencia y son de mucha utilidad, por ejemplo Dart Analisis te dice si hay errores en el código, y si das clic en esa línea te lleva exactamente donde está el error.

Quitar ventana del IDE

Si deseas quitar del IDE una ventana solo la das clic derecho y eliges Remove from Sidebar.

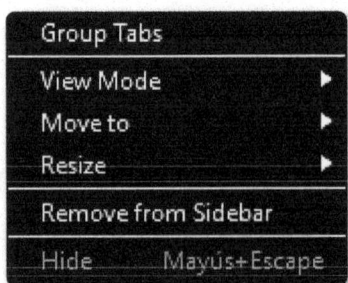

Aquí tambien puedes mover la posicion o maximizar la ventana.

Modo Presentación

View>Appearance>Enter Presentacion Mode.

Es para ver la pantalla en modo presentación.

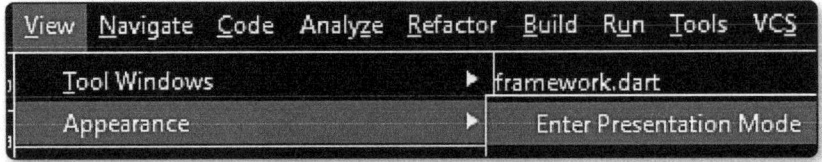

Para salir de pantalla completa buscar View en la barra de tareas que a veces se oculta pero que aparece si ubicas el cursor en el extremo superior, ubicate en la ruta siguiente.

View>Appearance>Exit Presentation Mode.

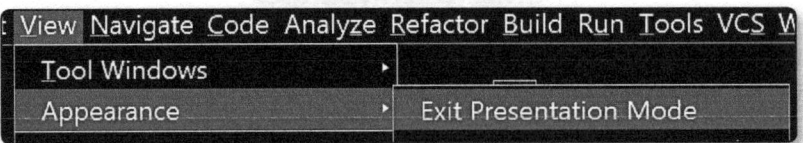

View>Appearance>ToolBar.

Junta a la izquierda todos los iconos de la barra de menus.

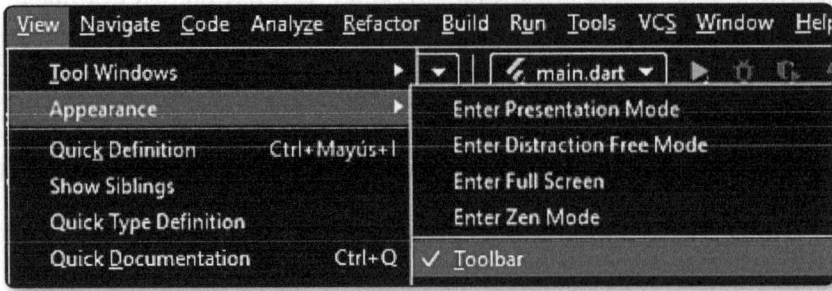

Todos los iconos estan a un solo lado.

Tool Window Bars

View>Appearance>Tool Window Bars.

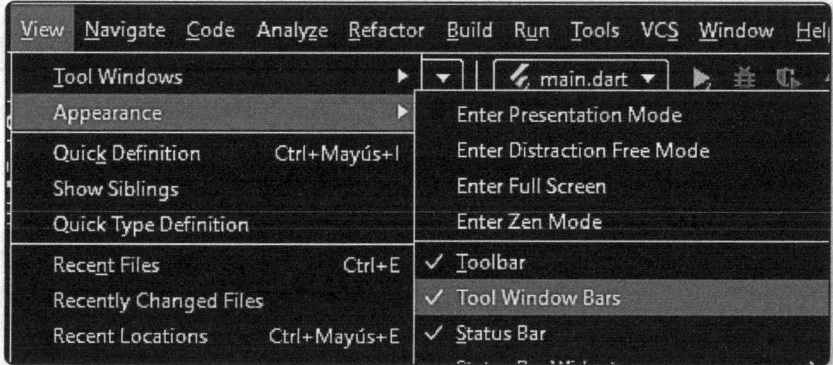

Sirve para ocultar o mostrar las pestañas para ventanas en el IDE como Terminal, Run, Flutter Outline, Flutter Inspector, etc.

Así que si no ves estas pestañas en tu IDE habilítalas aquí.

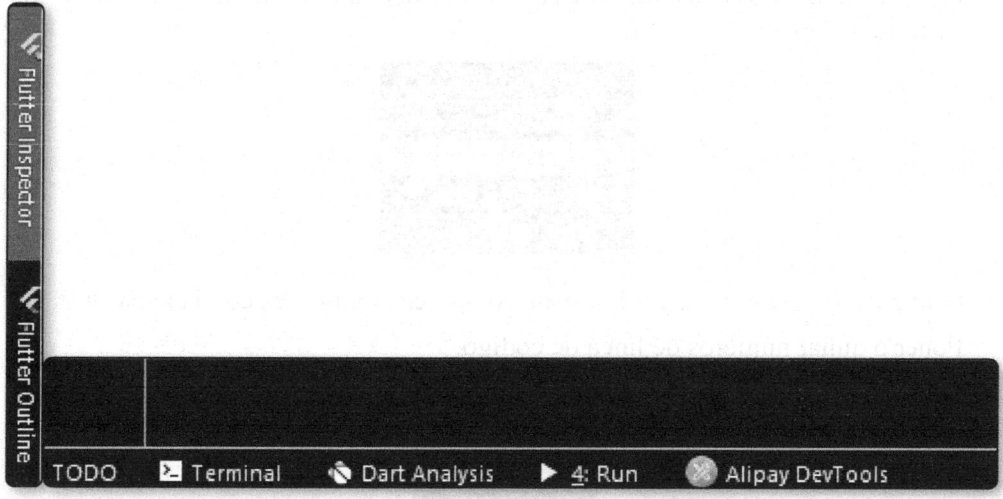

Si para ver la barra de menú debes dar Clic en  puedes dejarlo visible permanentemente siguiendo la siguiente ruta.

View, Appearance, Show Main Menu in Separate toolbar.

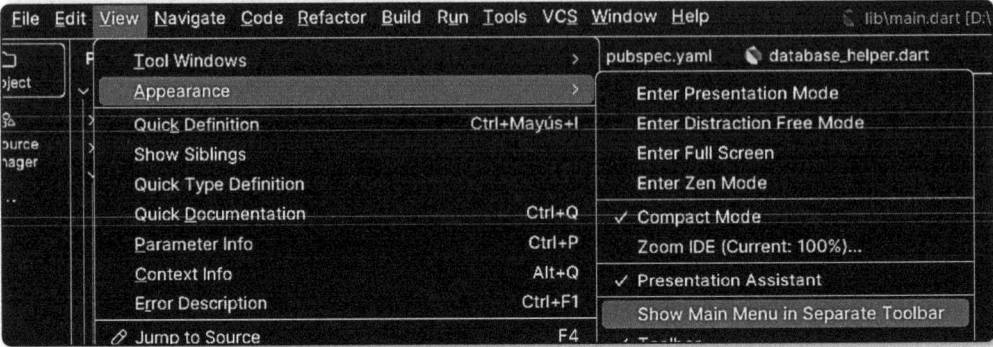

Al presionar en Show Main Menu in Separate toolbar se muestra permanentemente la barra de menus.

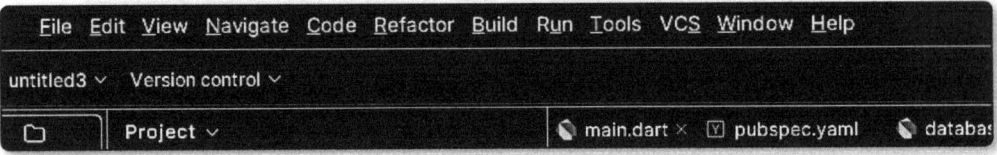

Numerar líneas en el editor

View>Active Editor>Show Line Numbers.

Permite numerar o no las líneas de codigo solo activando o desactivando la opcion Show Line Numbers.

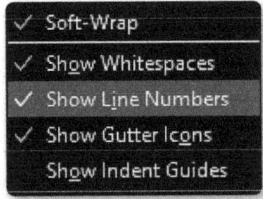

Otra manera de numerar las líneas de codigo en el editor es con la tecla shift.

Poner o quitar números de línea de código.

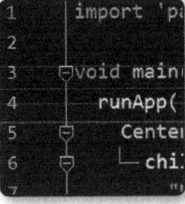

Presiona dos veces la tecla Shift y aparece una ventana.

Escribe line en la casilla y te muestra la opción Show Line Numbers.

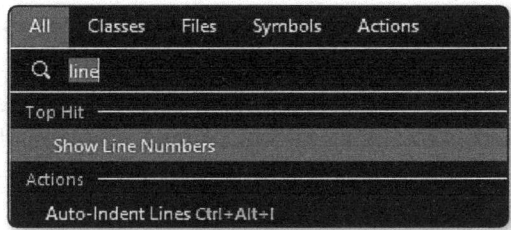

Clic en Show Line Numbers y los números desaparecerán.

Haz el mismo proceso para reaparecerlos.

Show WhitheSpaces

View>Active Editor>Show Whitespaces.

Puntear las espacios en blanco, mostrando un punto por cada espacio vacío en la línea de codigo.

Tambien hay otras opciones que puedes probar.

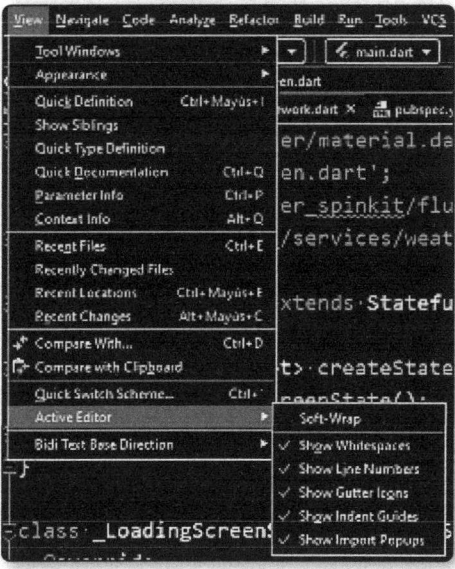

Navigate

Los mas importantes submenus de Navigation son los de avanzar o retroceder a la plaza o página donde estabas.

La otra es Search EveryWhere que sirve para buscar elementos en el IDE, funciona igual que el icono de la lupa que utilizamos para restablecer el menú.

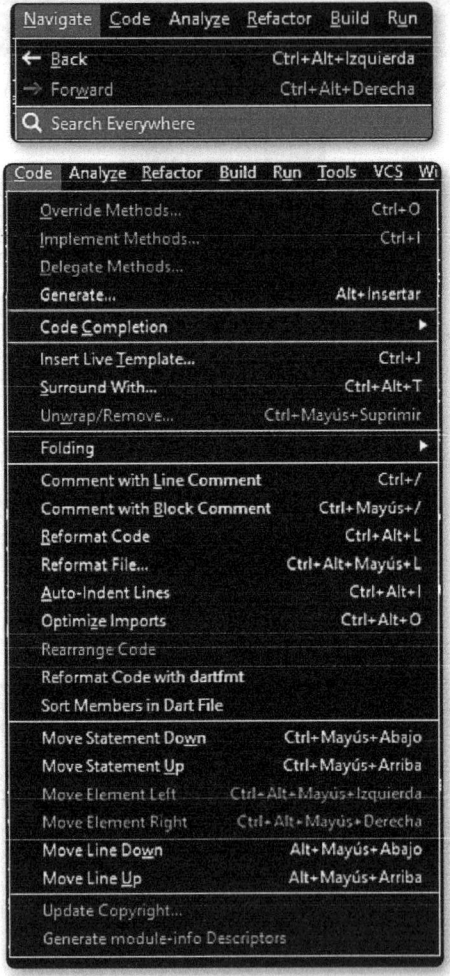

Reformat Code with "dart format"

Tiene opciones para reformar el codigo Reformat Code with "dart format", y se ve mas ordenado y entendible en el editor. Esta opcion esta disponible tambien en el editor al dar clic derecho y elegir Reformat Code.

Al presionar Ctrl + Alt + L se ejecuta Reformat Code with "dart format", ordena el codigo, eliminando espacios imnesesarios.

```
value: selectedTrimestres,
onChanged: (int? newValue) {
  setState(() {
    selectedTrimestres = newValue!;
  });
},
items: <int>[3, 4].map<DropdownMenuItem<int>>((int val
  return DropdownMenuItem<int>(
    value: value,
    child: Text('$value Trimestres'),
  ); // DropdownMenuItem
}).toList(),
), // DropdownButton
for (int subjectIndex = 0;
  subjectIndex < subjects.length;
  subjectIndex++)
```

♀ Show Context Actions	Alt+Intro
📋 Paste	Ctrl+V
Copy / Paste Special	>
Column Selection Mode	Alt+Mayús+Insertar
Find Usages	Alt+F7
Go To	>
Folding	>
Analyze	>
Reformat Code with 'dart format'	

Comment with Line comment y Comment with Block Comment

Sirven para escribirte los simbolos // y /* */ para que escribas los comentarios en una sola línea. Es decir lo escribe por ti, por si no te acuerdas cuales son.

Analysis

Tiene varias herrramientas para hacer acciones relacionadas al codigo.

Una de ellas es Inspect Code que permite abrir una ventana de diálogo donde se muestran los errores del código.

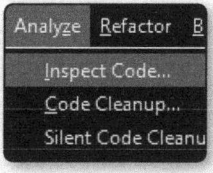

Refactor

Permite entre otras cosas renombrar archivos así como tambien remanufacturar un archivo.

Build

Sirve para tareas de generación del archivo apk o bundle de la app.

Analiza el apk en busca de errores.

Es util cuando se prepara el paquete para publicacion.

Run

Proporciona los submenús para ejecutar y probar el proyecto y para detener su ejecución.

Son las mismas funciones que se pueden activar con los iconos de play y stop, lo único que aquí tienes mas opciones como elegir el archivo a ejecutar.

Tools

Por ahora es importante conocer el submenú Flutter en Tools.

Desde el menú **Tools** puedes llegar al submenú Flutter y desde alli viajar a importantes islas de submenús que permiten acceder a importantes y utiles heramientas de Flutter para el desarrollo, tales como flutter doctor, flutter clean, etc.

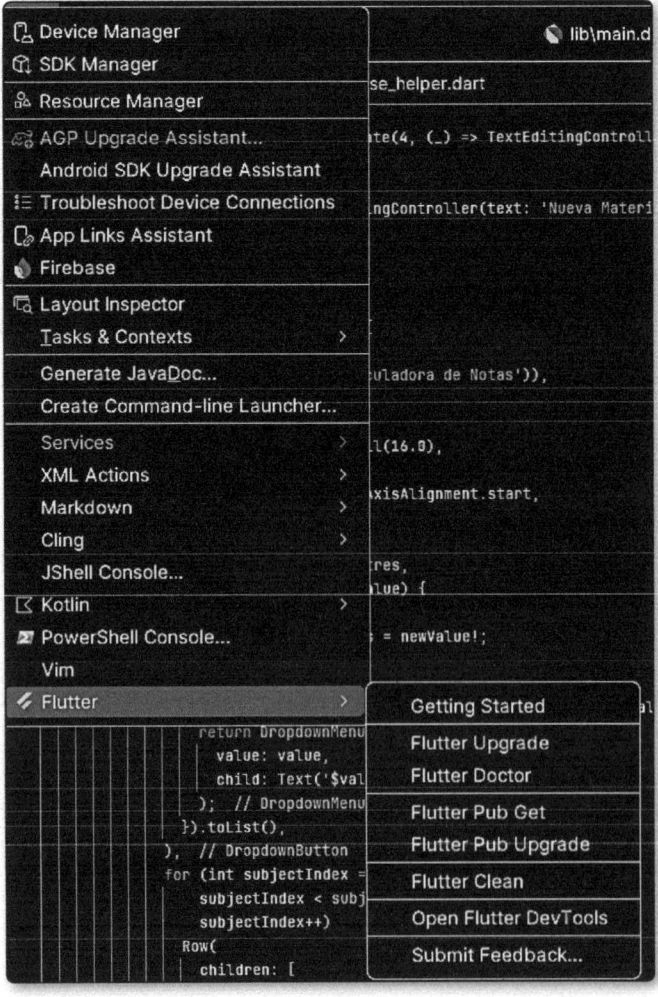

Desde Getting Started puedes ir a la documentacin online de Flutter.

Flutter Upgrade es para actualizar Flutter.

Flutter Doctor te hace el diagnóstico de Flutter.

Flutter Pub Get te muestra y actualiza los paquetes pub get instalados en tu app.

VCS

Abre el submenú siguiente.

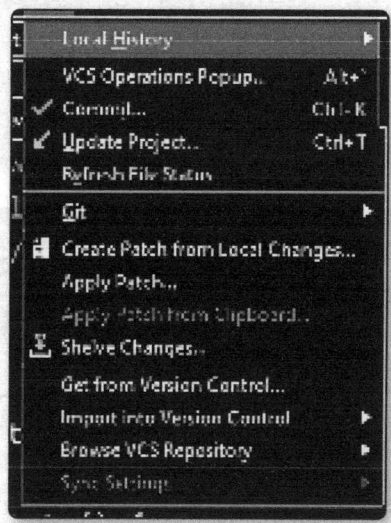

Show History

Fíjate en Show History.

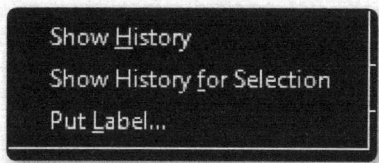

Te muestra el historial de cambios en el código.

Es util si arruinaste tu código y no puedes revertir los cambios con Ctrl + Z.

Elige la hora y fecha en que crees que el código funcionaba bien y te lo presentarán en pantalla para que lo recuperes.

```
                    ────── Old Changes ──────
29/10/2020 23:27                                        13 files
External change
29/10/2020 23:27                                        15 files
External change
29/10/2020 23:04                                         1 file
main.dart
29/10/2020 23:04                                         1 file
main.dart
                                              Flutter hot restart
29/10/2020 18:32                                         1 file
main.dart
29/10/2020 18:32                                         1 file
main.dart
                                                  hot reload #2
29/10/2020 18:32                                         1 file
main.dart
```

```
Current
1    import 'package:flutter/material.dart';
2
3    void main() {
4      runApp(MyApp());
5    }
6
7    class MyApp extends StatelessWidget {
8      // This widget is the root of your applica
9      @override
10     Widget build(BuildContext context) {
11       return MaterialApp(
```

También desde este menú puedes enviar y compartir en GitHub el proyecto.

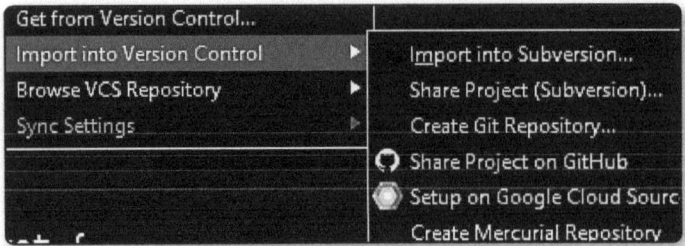

A local history puedes llegar tambien al dar clic derecho en el archivo main.dart.

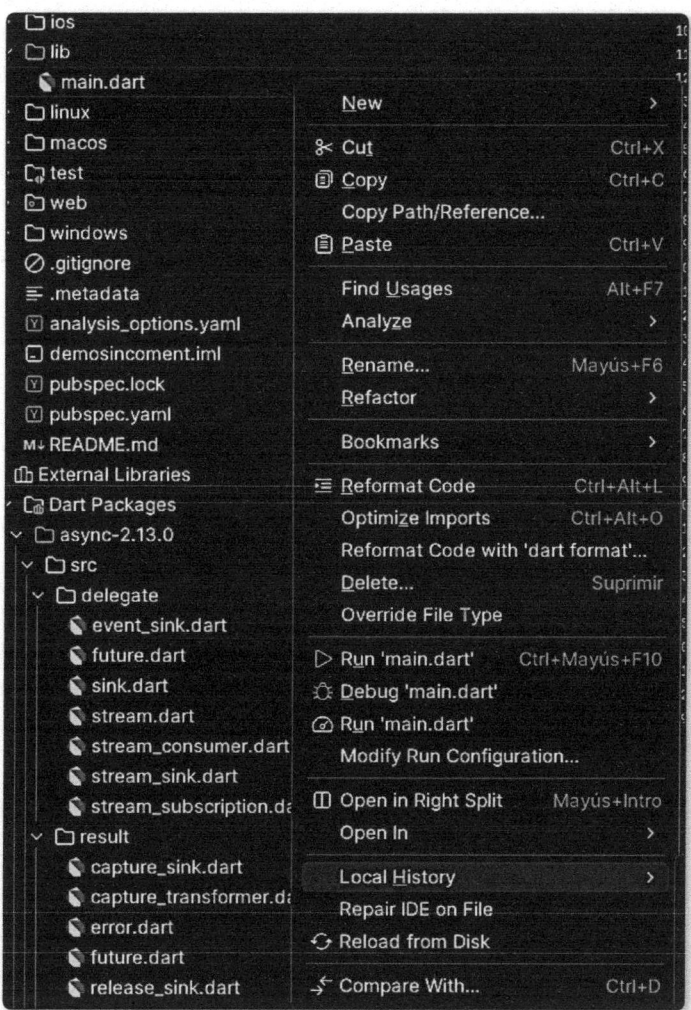

El menú Windows

Presenta los siguiente items.

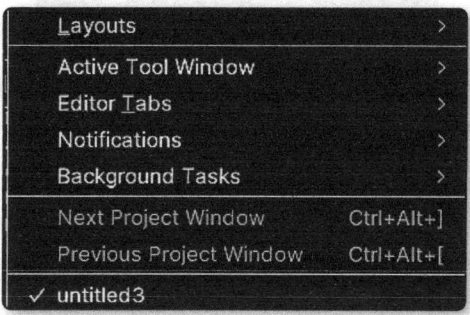

Restore Default Layout

Devuelve el IDE a su configuracion original. Útil cuando lo desconfiguraste y no puedes arreglarlo.

Aquí puedes tambien elegir el proyecto que quieres que se muestre, en caso que tengas varios abiertos.

Con las Next y Previous puedes navegar entre uno y otro proyecto.

Help

Es la ayuda idónea de Flutter.

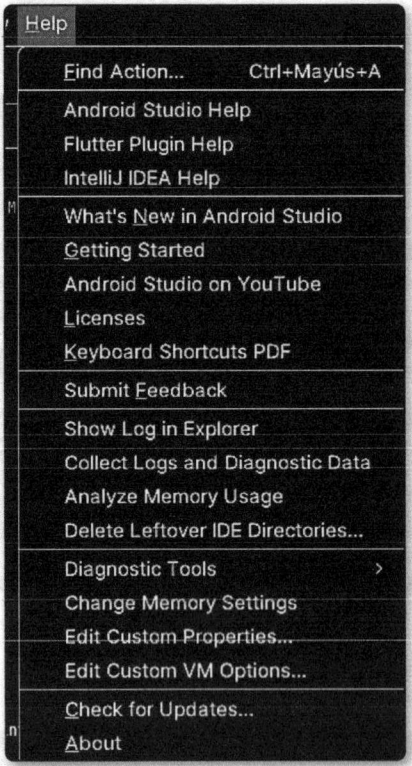

Explora los diferentes Items para que te familiarizes con ellos porque a veces nos olvidamos que tenemos un asistente valioso en nuestro IDE.

LogCat

Muestra una serie de eventos durante la ejecución del proyecto.

Run

Está en la parte inferior del IDE y muestra los resultados de la función print() que está en el código. Es una consola para ver resultados.

//TODO

Está en la parte inferior del IDE.

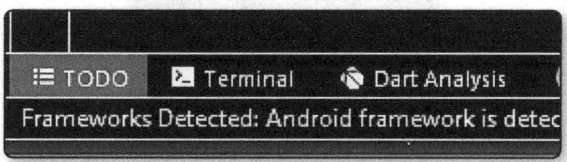

Es término exclusivo de Flutter para poner comentarios y recomendaciones que se colorearán en verde.

Si no ves el TODO habilítalo en View, Tools Windows, Todo.

Por ejemplo si en un proyecto hay que seguir ciertos pasos, se pueden escribir las recomendaciones precedida de la palabra //TODO.

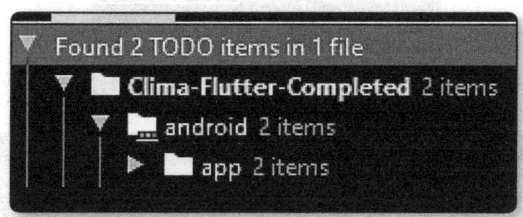

Expandidos los ítems de TODO.

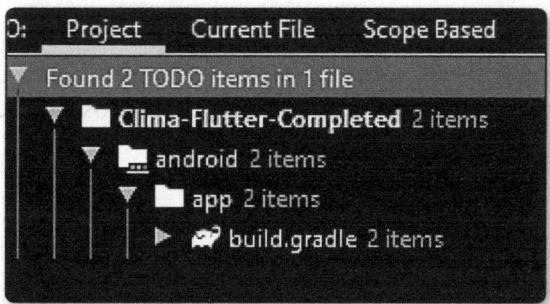

Al dar clic en cada uno, nos lleva a su ubicación.

```
defaultConfig {
    // |TODO: Specify your own
    applicationId "co.appbrew
    minSdkVersion 16
    targetSdkVersion 29
    versionCode flutterVersio
    versionName flutterVersio


}

buildTypes {
    release {
        // TODO: Add your own
```

Crear un //TODO:

Se escribe //TODO: en el editor, escribimos la recomendación deseada y veremos que todo aparece en verde.

Y al revisar el TODO: en la esquina inferior izquierda de la pantalla se ve agregado el //TODO:

```
    versionName flutterVers:
    //TODO: Este es mi todo.
}
```

```
build.gradle 3 items
    (35, 12) // TODO: Specify your own unique Application ID (https://developer.andr
    (41, 9) //TODO: Este es mi todo.
    (46, 16) // TODO: Add your own signing config for the release build.
```

Terminal

Es una consola que el IDE tiene para ejecutar comandos sin necesidad de buscarla en otro lado.

Dart Analysis

Útil herramienta ubicada en la parte inferior izquierda del IDE y que nos muestra análisis del código del proyecto y de la estructura en general.

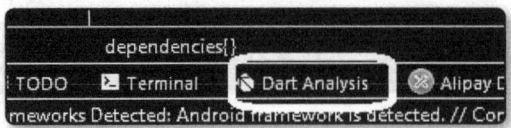

Si hay errores, los señala y da recomendaciones para corregirlo. Al dar clic en ellos nos lleva al error.

Si no está visible esta ventana ya sabes que puedes ir a View>Tools Windows y allí habilitar DartAnalysis.

Event Log

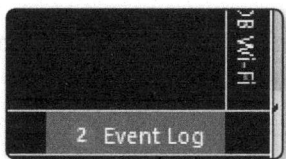

Informe de Event Log.

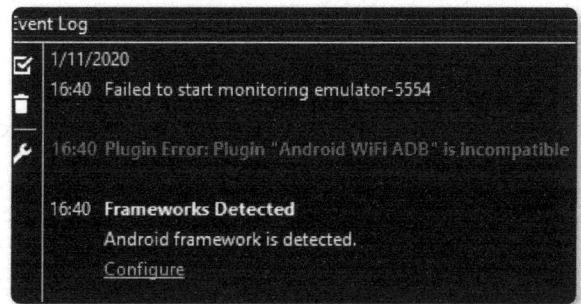

Presenta un informe de lo que está pasando al ejecutar el proyecto. Nos dice también si falta un Pluggin, da recomendaciones acerca de la plataforma usada.

Es parecido a Dart Analysis lo único que este se refiere más al código en sí, y Event Log es más profundo. Por lo que hay que revisar los dos.

El IDE de Android Studio/Flutter contiene tantas herramientas y características, que tienes, por tu cuenta explorarlo intencionalmente porque aquí se mencionaron las más importantes utilidades del IDE, es nuestro objetivo, de lo contrario nos llevaría todo el libro solo explicando el IDE y sé que tú ya estas deseoso de usar ese grandioso entorno de desarrollo.

Te recomiendo el libro Android Studio que está dedicado exclusivamente a Android Studio.

A las tecnologías Flutter, Android Studio y el lenguaje Dart están actualizándola frecuentemente por lo que IDE va cambiando por eso es importante revisar las actualizaciones. Debes probar cada herramienta que veas si no sabes qué y para qué es debes investigar en la documentación de Android Studio, flutter y Dart. Y además sugiero hacer pruebas de las herramientas con un proyecto para entrenamiento o de pruebas que no importaría si por hacer configuraciones probando herramientas te lo hecha a perder.

Resumen del Capítulo 8

Este capítulo es una guía práctica para configurar y navegar por el entorno de desarrollo oficial de Google. No solo se trata de escribir código, sino de personalizar tu espacio de trabajo para ser más eficiente.

1. ¿Qué es Android Studio?

Es el entorno de desarrollo integrado (IDE) estándar para Android, basado en IntelliJ IDEA. Incluye herramientas potentes como:

- **Editor de código** con autocompletado y sugerencias.
- **Emulador** para probar apps sin necesidad de un dispositivo físico.
- **Integración con IA (Gemini)** para asistencia inteligente.

2. Organización del Proyecto

- **Explorador de Archivos:** ubicado a la izquierda, permite ver la estructura de carpetas, paquetes y recursos.
- **Editor de Código:** el área central donde ocurre la "magia" de la programación.

3. Personalización y Apariencia

El IDE permite adaptar el entorno a tus necesidades visuales:

- **Temas:** cambio entre modo claro (Light) y oscuro (Darcula) en File > Settings > Appearance.
- **Fuentes:** ajuste de tamaño de letra tanto para los menús como para el código.
- **Fondos personalizados:** posibilidad de insertar imágenes detrás del código para un toque personal.

4. Herramientas de Productividad (Atajos y Edición)

El uso de **Shortcuts** es vital para programar rápido. Algunos esenciales son:

- Ctrl + S: guardar todo.
- Ctrl + Alt + L: reformatear código (formato Dart).
- Ctrl + /: comentar líneas rápidamente.
- **Find & Replace:** herramientas para buscar y sustituir texto en todo el archivo.

5. Gestión de Ventanas y Paneles Inferiores

El IDE ofrece paneles específicos para depuración:

▶ **Dart Analysis:** reporta errores de sintaxis en tiempo real.

▶ **Run & Console:** muestra la salida de la aplicación y mensajes de print().

▶ **Terminal:** para ejecutar comandos de Flutter/Dart directamente.

▶ **TODO:** un rastreador de tareas pendientes marcadas con el comentario // TODO.

6. Configuración del Entorno (Settings)

▶ **Plugins:** es fundamental instalar los plugins de **Dart** y **Flutter** para que el IDE entienda el código.

▶ **System Settings:** configuración de guardado automático, actualizaciones y manejo de múltiples ventanas.

▶ **Version Control (VCS):** historial local para recuperar código si algo sale mal (Local History).

Preguntas

1. ¿Qué es Android Studio?

2. ¿Qué plugin debes instalar para programar en Flutter con Android Studio?

3. ¿En qué año fue presentado y publicado Android Studio?

4. ¿Bajo qué menú se encuentra el submenú Find?

5. ¿Cómo cambiar el color del editor?

Ejercicios

1. Si el editor es color claro, vuélvalo color oscuro y si esta oscuro vuélvalo claro.

2. Haga que el editor tenga de fondo una imagen.

3. Escriba la ruta para agregar los plugin Dart y Flutter.

4. Aumente el tamaño de la fuente en el editor.

9

INTRODUCCIÓN A LOS WIDGETS

Todo en Flutter son Widgets

¿Qué es un Widget en Flutter?

En el mundo de Flutter, un Widget es la unidad básica de construcción de la interfaz de usuario. Si vienes de otros lenguajes, puedes imaginarlo como un "componente".

La regla de oro en Flutter es: "Todo es un Widget". Desde un simple texto, un botón o un color de fondo, hasta la estructura misma de la aplicación y la alineación de los elementos.

Conceptos Clave

- **Inmutabilidad:** los widgets son descripciones estructurales. No cambian por sí mismos; si algo en la pantalla debe cambiar, se crea un nuevo widget con la nueva configuración.

- **Jerarquía (Árbol de Widgets):** los widgets se organizan en una estructura de "padres e hijos".[1] Por ejemplo, un widget de "Columna" puede tener varios hijos como "Texto" y "Botón".[2]

Tipos Principales de Widgets

Para empezar a programar en Flutter, debes conocer los dos tipos fundamentales:

Tipo	Descripción	Ejemplo de uso
StatelessWidget.	Widgets estáticos que no cambian su estado una vez creados.	Un icono, un texto fijo o un logo.
StatefulWidget.	Widgets dinámicos que pueden cambiar su apariencia en respuesta a eventos.	Un formulario, un contador o un interruptor (switch).

A continuación un ejemplo de creación de un Widget en Flutter

```
import 'package:flutter/material.dart';
// 1. El punto de entrada de la aplicación.
void main() {.
  runApp(MiAplicacion());
}.


// 2. El Widget raíz que configura el diseño base (Material Design).
class MiAplicacion extends StatelessWidget {.
  @override.
  Widget build(BuildContext context) {.
    return MaterialApp(.
      debugShowCheckedModeBanner: false, // Quita el banner de "debug".
      title: 'Mi Primer App en Flutter',.
      home: pantallaPrincipal(),.
    );
  }.
}.


// 3. El Widget que define la estructura de la pantalla.
class PantallaPrincipal extends StatelessWidget {.
  @override.
  Widget build(BuildContext context) {.
    return Scaffold(.
      // La barra superior de la aplicación.
      appBar: appBar(.
        title: text('Asistente de Código'),.
        backgroundColor: colors.blueAccent,.
      ),.
      // El cuerpo de la pantalla.
      body: center(.
        child: miTarjeta(),.
      ),.
    );
  }.
}.
```

```
// 4. El Widget personalizado que definimos anteriormente.
class MiTarjeta extends StatelessWidget {.
  @override.
  Widget build(BuildContext context) {.
    return Container(.
      padding: edgeInsets.all(20),.
      decoration: boxDecoration(.
        color: colors.blueAccent,.
        borderRadius: borderRadius.circular(15), // Bordes redondeados.
        boxShadow: [.
          BoxShadow(.
            color: colors.black26,.
            blurRadius: 10,.
            offset: offset(0, 5),.
          ),.
        ],.
      ),.
      child: text(.
        '¡Hola, soy un Widget!',.
        style: textStyle(.
          color: colors.white, .
          fontSize: 20,.
          fontWeight: fontWeight.bold,.
        ),.
      ),.
    );
  }.
}.
```

Explicación del código

▸ **void main():** es la función que el motor de Dart busca para iniciar la ejecución. runApp() infla el widget que le pases y lo coloca en la pantalla.

▸ **MaterialApp:** es un widget de conveniencia que envuelve toda tu aplicación. Provee navegación, temas y soporte para el diseño de "Material Design".

▸ **Scaffold:** piensa en él como el "esqueleto" de una pantalla. Te permite añadir fácilmente la barra superior (AppBar), el cuerpo (body) y hasta botones flotantes.

▸ **StatelessWidget:** heredamos de esta clase porque nuestra tarjeta no cambiará de contenido internamente.

▸ **build:** es el método más importante. Aquí le decimos a Flutter qué debe dibujar.

▶ **Center:** un widget que centra a su hijo.

▶ **Container:** un widget versátil que permite añadir color, margen y dimensiones (como una caja).

▶ **Text:** el widget básico para mostrar cadenas de caracteres.

▶ **BoxDecoration:** lo añadí dentro de MiTarjeta para que veas cómo se pueden aplicar estilos más avanzados como bordes redondeados y sombras.

Explicación Línea por Línea

1. Importación de Librerías

```
import 'package:flutter/material.dart';
```

▶ **Explicación**: esta línea importa el paquete de **Material Design**. Contiene todos los componentes visuales (widgets) predefinidos que siguen las guías de diseño de Google (botones, barras de navegación, fuentes, etc.). Sin esto, no podríamos usar Scaffold, AppBar o Container.

2. El Punto de Entrada

```
void main() {.
  runApp(MiAplicacion());
}.
```

▶ **void main()**: es el punto donde inicia cualquier programa en Dart.

▶ **runApp(...)**: es una función de Flutter que toma el Widget que le pases y lo convierte en la **raíz** del árbol de widgets. En este caso, le decimos que nuestra app comienza con MiAplicacion.

3. Configuración Global (MaterialApp)

```
class MiAplicacion extends StatelessWidget {
  @override.
  Widget build(BuildContext context) {.
    return MaterialApp(.
      debugShowCheckedModeBanner: false, .
      title: 'Mi Primer App en Flutter',.
      home: pantallaPrincipal(),.
    );
  }.
}.
```

- ▶ **class MiAplicacion extends StatelessWidget**: definimos nuestra propia clase que hereda las propiedades de un widget sin estado.

- ▶ **@override**: indica que estamos sobrescribiendo el método build original de Flutter con nuestra propia lógica.

- ▶ **BuildContext context**: es un objeto que sabe en qué parte del "árbol de widgets" se encuentra este widget específico.

- ▶ **MaterialApp**: configura el motor de la app.
  - debugShowCheckedModeBanner: false: oculta la etiqueta roja de "Debug" en la esquina.
  - home: indica cuál es la primera pantalla que debe mostrarse al abrir la app.

4. Estructura de la pantalla (Scaffold)

```
class PantallaPrincipal extends StatelessWidget {.
  @override.
  Widget build(BuildContext context) {.
    return Scaffold(.
      appBar: appBar(.
        title: text('Asistente de Código'),.
        backgroundColor: colors.blueAccent,.
      ),.
      body: center(.
        child: miTarjeta(),.
      ),.
    );
  }.
}.
```

- ▶ **Scaffold**: este widget "dibuja" la estructura básica de una página.

- ▶ **appBar**: define la franja superior. Dentro usamos un widget Text para el título.

- ▶ **body**: es el contenido principal debajo de la barra.

- ▶ **Center**: es un widget de diseño que toma a su único hijo (child) y lo posiciona exactamente en el medio del espacio disponible.

5. El Widget Personalizado (Estilizado)

```
class MiTarjeta extends StatelessWidget {.
  @override.
  Widget build(BuildContext context) {.
```

```
      return Container(.
        padding: edgeInsets.all(20),.
        decoration: boxDecoration(.
          color: colors.blueAccent,.
          borderRadius: borderRadius.circular(15),.
          boxShadow: [.
            BoxShadow(.
              color: colors.black26,.
              blurRadius: 10,.
              offset: offset(0, 5),.
            ),.
          ],.
        ),.
        child: text(.
          '¡Hola, soy un Widget!',.
          style: textStyle(.
            color: colors.white, .
            fontSize: 20,.
            fontWeight: fontWeight.bold,.
          ),.
        ),.
      );
    }.
  }.
```

- **Container**: es como un <div> en HTML. Es una caja que puede tener tamaño y color.
- **padding: edgeInsets.all(20)**: crea un espacio de 20 píxeles entre el borde de la caja y el texto interior.
- **BoxDecoration**: es el "maquillaje" del contenedor.
  - borderRadius: redondea las esquinas de la caja.
  - boxShadow: crea un efecto de sombra para dar profundidad (elevación).
- **TextStyle**: dentro del widget Text, usamos esta propiedad para cambiar la fuente, el tamaño y el grosor (fontWeight).

Resumen del Flujo

1. **Main** arranca la app.
2. **MaterialApp** establece el tema.
3. **Scaffold** prepara el lienzo de la pantalla.

4. **Container** dibuja la caja azul.

5. **Text** escribe el mensaje final.

Al ejecutar el proyecto se muestra una linda interfaz.

Widget Scaffold

Widget que proporciona el andamio o estructura básica para colocar otros widgets, es como un esqueleto base de la app.

Se aloja en **home:** que es el punto de partida donde se construyen los Widgets.

Ejemplo 7. Crear un Scaffold

Crear un Scaffold

Crea un nuevo proyecto llamado scaffold.

Agrega el siguiente código.

```
import 'package:flutter/material.dart';
void main() {
  runApp(
    MaterialApp(
      home: scaffold(
),
),
);
}
```

Ejecuta el proyecto y veras una pantalla blanca predeterminada, es el Widget Scaffold que tiene color predeterminado blanco.

Colorear un Scaffold

Para colorearlo le agregas un background con el color que deseas debajo de home: scaffold(.

```
backgroundColor: Colors.cyan,
```

Con una sola línea de código que agregues le cambias el color al Scaffold.

```dart
import'package:flutter/material.dart';

void main() {
  runApp(
   MaterialApp(
   home: scaffold(
   backgroundColor:Colors.cyan,
       ),
     ),
   );
}.
```

Se agregó una línea de código para dar color al Scaffold.

Ejecuta el proyecto y verás.

A veces el Hot Reload no funciona o te presenta el mismo layout, en ese caso resetea la app, dando stop y luego play.

Si no funciona, ve a la librería (lib) y busca y borra el archivo test.

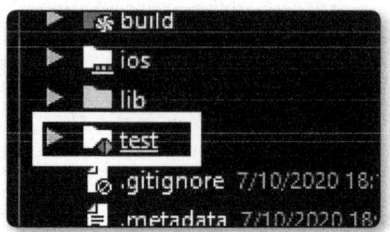

Selecciónalo, clic derecho y delete.

Te preguntará si lo borras y diles que sí (yes).

El Scaffold aloja la appBar.

appBar

Es un rectángulo en la parte superior de la pantalla.

Generalmente allí se escribe el título de la aplicación.

En el siguiente código se ha colocado una AppBar.

En un Scaffold

El **Scaffold** no tiene **background** por lo que se presenta en color blanco, la appBar no tiene background o color por lo que se presenta en predeterminado azul.

La AppBar es el Widget Azul en la parte superior de la pantalla.

Ejemplo 8. appBar sin color

```
import 'package:flutter/material.dart';

void main() {
  runApp(MaterialApp(home: scaffold(appBar: appBar())));
}.
```

Al ejecutar el proyecto se muestra el Scaffold y la appBar no obstante no se mira porque es blanca.

Con una línea de código que agreguemos le damos color.

Ejemplo 9. appBar con color verde

Se agrega la línea de código para pintar de verde la appBar,

```
backgroundColor: colors.green
```

Título en appBar

Es un texto en la appBar.

Se agrega con el siguiente código debajo de appBar.

```
import 'package:flutter/material.dart';
void main() {
  runApp(
    MaterialApp(
      home: scaffold(
        appBar: appBar(
          title: const Text("Soy AppBar"),
          backgroundColor: colors.blue, // Propiedad para cambiar el color
        ),
      ),
    ),
  );
}.
```

Ejecuta el proyecto y ve que el título aparece en la AppBar.

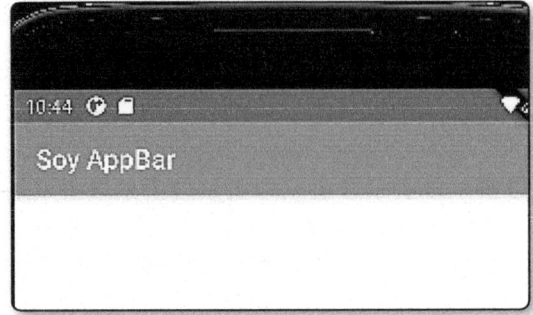

Insertar imagen de Internet

Puedes hacerlo insertando un widget Center en el body:

Le pones un child: image.network.

Y busca una imagen en Internet, copias la URL y la pegas.

Ejemplo 11

```
import 'package:flutter/material.dart';
void main() {.
  runApp(.
    MaterialApp(.
      home: scaffold(.
        appBar: appBar(.
          title: const Text("Imagen de Internet"),.
          backgroundColor: colors.red,.
        ),.
        body: center(.
          child: image.network(.
            'https://d188rgcu4zozwl.cloudfront.net/content/B07K2WLXHC/
resources/480554883',.
          ),.
        ),.
      ),.
    ),.
  );
}.
```

Dale Play y se mostrará la imagen de Internet especificada en el Código.

Insertar imagen desde AssetImage

Crear nuevo proyecto de flutter y llamarlo imagenasset.

Clic en Nombre del proyecto>New>Directory.

En la casilla que se abre escriba imágenes.

Presiona tecla Enter…

Y se agregará en los recursos del proyecto.

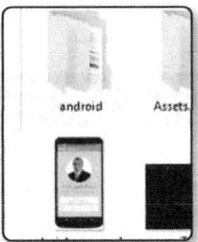

Ahora busca una imagen .png o .jpeg en tu equipo, las copias y las pegas en carpeta imágenes que creaste en el proyecto.

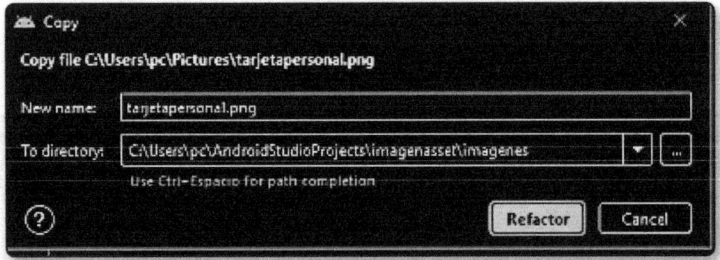

Al dar Paste te preguntará y debes dar clic en Refactor.

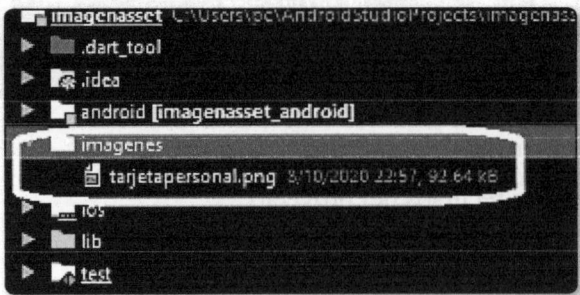

Ahora en la carpeta imágenes habrá una imagen.

Es la que usaras para mostrar en pantalla, antes debes configurar el asset en el archivo pubspec.yaml.

La imagen se llama tarjeta personal.png.

Ahora ve al archivo pubspec.yaml.

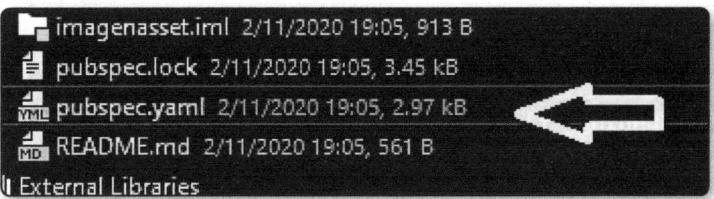

Ábrelo y enfócate en la siguiente sección de la ventana que se muestra.

```
# included with your application, so that you can use the icons in
# the material Icons class.
uses-material-design: true

# To add assets to your application, add on assets section, like this
# assets:
#    - images/a_dot_burr.jpeg
#    - images/a_dot_ham.jpeg
```

Quítale el # al assets:

Quítale el # a la ruta de la imagen que se ve allí.

```
uses-material-design: true

# To add assets to your application, a
assets:
   - imagenes/tarjetapersonal.png
#    - images/a_dot_ham.jpeg
```

Recuerda que se creó una carpeta imágenes y allí se copió la imagen tarjetapersonal. png.

Esa es la ruta de la imagen que presentarás en pantalla.

Ahora da clic en Pub get, está en la esquina superior izquierda del IDE de pubspec. yaml.

Espera segundos y tendrás un informe, si todo está bien te dirá que finalizó con 0 code.

```
Messages:   [imagenasset] Flutter ×
C:\flutter\bin\flutter.bat --no-color pub get
Running "flutter pub get" in imagenasset...
Process finished with exit code 0
```

Si algo no está bien, revisa la alineación del asset.

```
uses-material-design: true

# To add assets to your application
assets:
  - imagenes/tarjetapersonal.png
```

La a de assets debe estar alineada con la u de uses.

▸ Imágenes debe comenzar dos espacios adentro de assets.

▸ La a de assets queda abajo de la u de uses y el - de – imágenes queda debajo de la segunda s de assets y la i de imágenes queda debajo de la t de assets.

Debe quedar exactamente como se ve en la imagen, lo que cambia es el nombre del archivo.

Ahora vuelve a main.dart y escribe el siguiente código que incluye la ruta de la imagen.

```dart
import 'package:flutter/material.dart';

void main() {
  runApp(
    MaterialApp(
      home: Scaffold(
        backgroundColor: Colors.black,
        body: Center(
          child: Image(
            image: AssetImage("imagenes/tarjetapersonal.png"),
          ), // Image
        ), // Center
      ), // Scaffold
    ), // MaterialApp
  );
}
```

Al darle play obtendrás el resultado de acuerdo a la imagen archivada.

Insertar imagen como background

Ejemplo 12

Crea un Nuevo Proyecto, llámalo como quieras.

Después de borrar el código del demo y escribir el código inicial en el cual ya flutter te ha ayudado utiliza un *home:* widget Scaffold(.

Le puedes poner backgroundColor: color.black,.

```
body: container(.
```

Al Widget Container ponle las siguientes características:

```
decoration: boxDecoration(
image: decorationImage(
image: assetImage("imagenes/luis100.jpeg"),
fit: boxFit.cover,.
```

No olvides poner el cierre de los paréntesis y llaves, porque cada paréntesis y llave abierta debe ser cerrada.

Si falta o sobra alguno, veras subrayado en rojo en donde al poner el cursor te dirá qué es lo que falta.

El código completo para este proyecto es el que sigue…

En main.dart.

```
import 'package:flutter/material.dart';
```

```
void main() {
  runApp(
    MaterialApp(
      home: scaffold(
        backgroundColor: colors.black,
        body: container(
          decoration: boxDecoration(
            image: decorationImage(
              image: assetImage("imagenes/rx.jpg"),
              fit: boxFit.cover,
            ),
          ),
        ),
      ),
    ),
  );
}.
```

En el nombre del proyecto da clic derecho, New, Directory y en la casilla escribe assets y al presionar tecla Enter se agrega una nueva carpeta en el directorio del proyecto con el nombre assets.

Clic derecho sobre la carpeta assets, New Directory y dale el nombre imágenes y al presionar Enter veras la carpeta imágenes dentro de la carpeta assets. En esta carpeta guardaremos imágenes. En este caso debes guardar una imagen con el nombre rx en la carpeta imágenes.

Si se invoca esta ruta es porque se ha creado el directorio imágenes en las librerías y recursos del proyecto.

En este caso la imagen se llama rx.jpg.

Dale Play…

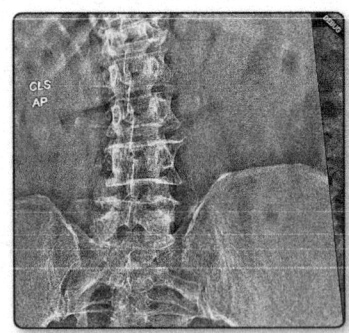

Inserta imagen como background en un widget Container

Es el mismo código anterior pero no debes hacer nada en el pubspec.yaml, ni copiar imágenes en la librería.

Cambiar solo la línea de código en main.dart, en donde se invoca la imagen mediante la url.

Ejemplo 13

```
import 'package:flutter/material.dart';
void main() {.
  runApp(.
    MaterialApp(.
      debugShowCheckedModeBanner: false, // Quita la banda de debug
para el libro.
      home: scaffold(.
        body: container(.
          decoration: boxDecoration(.
            image: decorationImage(.
              image: networkImage(.
                "https://d188rgcu4zozw1.cloudfront.net/content/
B071JKYZV7/resources/1297330384",.
              ),.
              fit: boxFit.cover, // Ajusta la imagen para cubrir toda la
pantalla.
            ),.
          ),.
        ),.
      ),.
    ),.
  );
}.
```

Si quieres una url de esta imagen ve a Amazon y escribe en el buscador vacaciones en Los Ángeles y veras un libro llamado así, copia la url y pégalo en tu código en main.dart. https://www.ventanamedica.com/.

Dale Play.

Resumen

El árbol de Widgets representa cada widget de la interfaz de app en Flutter, con su nombre genérico.

Conocer cada elemento y herramienta del IDE facilita las tareas de programación.

Si en tu casa hay un destornillador y tú no sabes que está allí, y necesitas poner o quitar un tornillo, será difícil que lo hagas al no usar la herramienta apropiada porque no sabes que está en tu casa. Así es en Android Studio, debes conocer cada herramienta, dónde está y cómo usarla. Así que dedica tiempo a conocer Android Studio y si quieres profundizar lee el libro de la misma serie a la cual pertenece este libro, acerca de Android Studio que el mismo autor ha escrito para ti.

Preguntas

1. ¿Dónde se encuentra la carpeta lib?

2. ¿Cuál es el archivo principal de la carpeta lib?

3. ¿Qué contiene el archivo main.dart?

4. ¿Para qué sirve el archivo pubspec.yaml?

Ejercicios

1. Haz un proyecto igual al DEMO que incremente los números de 10 en 10.

2. Cambia el texto del contador para que se lea "Has presionado número de veces".

3. Agrega carpeta assets en el proyecto y dentro otra carpeta llamada imágenes y dentro de ella guarda una imagen de tu computadora.

10

LENGUAJE DART

Objetivos

▼ Conocer acerca de Dart.

▼ Definir qué es una variable.

▼ Definir qué es función.

▼ Definir qué es una clase.

▼ Definir qué es un constructor.

▼ Conocer las estructuras de control de flujo.

Introducción

Dart es el lenguaje de Flutter, es orientado a objetos, tiene compilación hibrida, es decir Just In Time (JIT) y Ahead Of Time (AOT).

La primera es la compilación en tiempo de desarrollo y depuración y la segunda en tiempo de producción o publicación.

Dart, como todo lenguaje de POO, tiene variables, clases, funciones, estructuras de control de flujo, bloques de código, comentarios, etc.

A continuación se hace breve descripción de estas características para que cuando las encuentres en el código mezclado con código para generar la interfaz de Flutter, te sean familiares y no te sorprendan y puedas identificarlas.

Variable

Es un espacio de memoria que almacena valores. Dart tiene variables de tipo numéricas (int, double), String, var, dynamic, bool, final y constante. Además, tiene colecciones, listas, set y map.

Ejemplo 14. Variables

```dart
import 'package:flutter/material.dart';

void main() {
  runApp(MyApp());
}

class MyApp extends StatelessWidget {
  const MyApp({super.key});

  @override
  Widget build(BuildContext context) {
    return MaterialApp(
      home: myHomePage(),
    );
  }
}

class MyHomePage extends StatefulWidget {
  const MyHomePage({super.key});

  @override
  State<MyHomePage> createState() => _MyHomePageState();
}

class _MyHomePageState extends State<MyHomePage> {
  // Variables de diferentes tipos
  String nombre = "Ayalita";
  bool esVerdadero = true;
  int edad = 63;
  double precio = 99.99;
  var variableDinamica = "Bienvenida"; // Puede cambiar de tipo
  dynamic variableMuyDinamica =
      100000; // Puede cambiar de tipo en cualquier momento
  final String mensajeFinal = "Este mensaje no cambiará";
  static const double pi = 3.14159;
```

```
@override
Widget build(BuildContext context) {
  return Scaffold(
    appBar: appBar(
      title: text("Ejemplo de Variables"),
    ),
    body: center(
      child: column(
        mainAxisAlignment: mainAxisAlignment.center,
        children: <Widget>[
          // Stringe
          Text("Nombre: $nombre"),
          // Bool
          Text("Es verdadero: $esVerdadero"),
          // int
          Text("Edad: $edad"),
          // double
          Text("Precio: $precio"),
          // dynamic
          Text("Variable dinámica: $variableDinamica"),
          Text("Variable muy dinámica: $variableMuyDinamica"),
          Text("Mensaje final: $mensajeFinal"),
          Text("Valor de PI: $pi"),
          ElevatedButton(
            onPressed: () {
              setState(() {
                variableDinamica = 516 as String; // Cambia a int
                variableMuyDinamica = "Hastg luego"; // Cambia a
String
              });
            },
            child: text("Cambiar Variables Dinámicas"),
          ),
        ],
      ),
    ),
  );
}
}.
```

En el ejercicio se muestran con diferente color, los diferentes tipos de variables. En la siguiente imagen, observa las variables escritas en el ejemplo anterior. Al ejecutar el proyecto se muestra la interfaz con las variables declaradas.

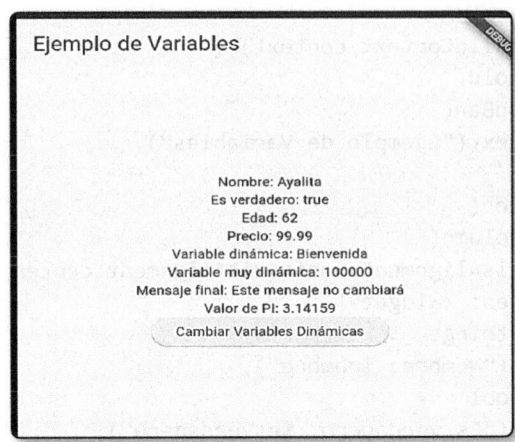

Colecciones: conjuntos de elementos y son Mapas, Set y Listas

Lista: es colección ordenada de elementos que pueden ser únicos o duplicados.

Mapa: es una colección de elementos únicos constituidos cada uno con una clave y un valor.

Set: es una colección de elementos que no permite duplicados.

A continuación, un ejemplo en donde se muestran los tres tipos de colecciones en Dart; Listas, Mapas y Set.

Ejemplo 15. Colecciones

```
import 'package:flutter/material.dart';

void main() {
  runApp(MyApp());
}

class MyApp extends StatelessWidget {
  const MyApp({super.key});

  @override
  Widget build(BuildContext context) {
    return MaterialApp(
      home: myHomePage(),
```

```
    );
  }
}

class MyHomePage extends StatefulWidget {
  const MyHomePage({super.key});

  @override
  State<MyHomePage> createState() => _MyHomePageState();
}

class _MyHomePageState extends State<MyHomePage> {.

  // Lista de nombres.

  List<String> nombres = ["Brenda", "Marlen", "Digna", "Marcela",
"Karina"];

  // Mapa de edades.

  Map<String, int> edades = {
    "Brenda": 17,
    "Marlen": 19,
    "Digna": 19,
    "Marcela": 20,
    "Karina": 19,
  };

  // Set, Conjunto de nombres únicos.

  Set<String> nombresUnicos = {}; // Inicializado vacío

  String nombreMenorEdad = "";
  String nombreMayorEdad = "";

  @override
  void initState() {
    super.initState();
    nombresUnicos = nombres.toSet(); // Inicialización aquí
  }

  void encontrarEdades() {
    int? menorEdad;
    int? mayorEdad;
```

```
    edades.forEach((nombre, edad) {
      if (menorEdad == null || edad < menorEdad!) {
        menorEdad = edad;
        nombreMenorEdad = nombre;
      }
      if (mayorEdad == null || edad > mayorEdad!) {
        mayorEdad = edad;
        nombreMayorEdad = nombre;
      }
    });

    setState(() {});
  }


  @override
  Widget build(BuildContext context) {
    return Scaffold(
      appBar: appBar(
        title: text("Listas, Mapas y Conjuntos"),
      ),
      body: center(
        child: column(
          mainAxisAlignment: mainAxisAlignment.center,
          children: <Widget>[
            Text("Lista de nombres: $nombres"),
            Text("Mapa de edades: $edades"),
            Text("Conjunto de nombres únicos: $nombresUnicos"),
            ElevatedButton(
              onPressed: encontrarEdades,
              child: text("Ver nombre de  mayor y menor edad"),
            ),
            Text("Nombre de menor edad: $nombreMenorEdad"),
            Text("Nombre de mayor edad: $nombreMayorEdad"),
          ],
        ),
      ),
    );
  }
}.
```

Al ejecutar se muestra la app.

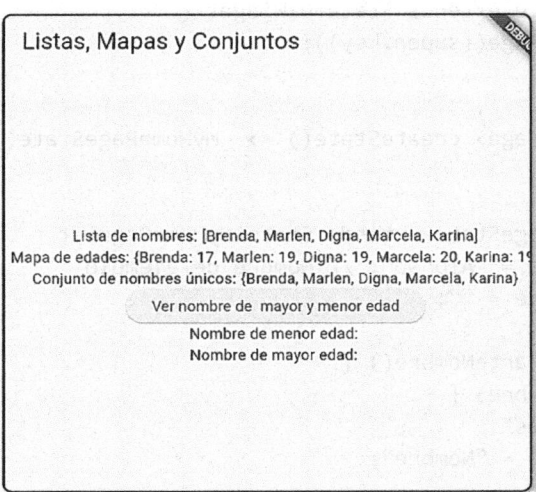

Switch case statement

Es estructura de control que ejecutará un bloque de código de acuerdo al valor de variable de expresión.

Ejemplo 16: switch

```
import 'package:flutter/material.dart';

void main() {
  runApp(MyApp());
}

class MyApp extends StatelessWidget {
  const MyApp({super.key});

  @override
  Widget build(BuildContext context) {
    return MaterialApp(
      home: myHomePage(),
    );
  }
}
```

```dart
class MyHomePage extends StatefulWidget {
  const MyHomePage({super.key});

  @override
  State<MyHomePage> createState() => _MyHomePageState();
}

class _MyHomePageState extends State<MyHomePage> {
  String nombre = "Alonso"; // Nombre de ejemplo
  String mensaje = "";

  void mostrarParteNombre() {
    switch (nombre) {
      case "Luis":
        mensaje = "Nombre";
        break;
      case "Alonso":
        mensaje = "Segundo nombre";
        break;
      case "Ayala":
        mensaje = "Apellido";
        break;
      default:
        mensaje = "Nombre no reconocido";
    }
    setState(() {});
  }

  @override
  Widget build(BuildContext context) {
    return Scaffold(
      appBar: appBar(
        title: text("Ejemplo de Switch"),
      ),
      body: center(
        child: column(
          mainAxisAlignment: mainAxisAlignment.center,
          children: <Widget>[
            Text("Nombre: $nombre"),
            ElevatedButton(
              onPressed: mostrarParteNombre,
              child: text("Mostrar parte del nombre"),
            ),
            Text("Resultado: $mensaje"),
          ],
```

```
        ),
      ),
    );
  }
}.
```

Al ejecutar la app se ve así:

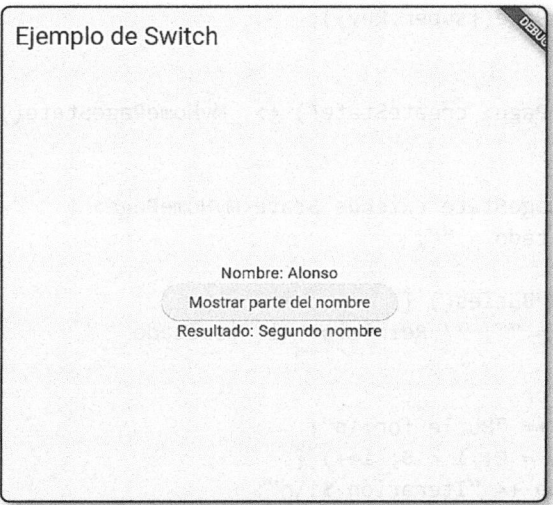

Bucles for, for in, while, do while

Son ciclos o bucles que sirven para iterar sobre listas o ejecutar un bloque de código según se cumpla o no una condición.

Ejemplo

```
import 'package:flutter/material.dart';

void main() {
  runApp(MyApp());
}

class MyApp extends StatelessWidget {
  const MyApp({super.key});
```

```dart
  @override
  Widget build(BuildContext context) {
    return MaterialApp(
      home: myHomePage(),
    );
  }
}

class MyHomePage extends StatefulWidget {
  const MyHomePage({super.key});

  @override
  State<MyHomePage> createState() => _MyHomePageState();
}

class _MyHomePageState extends State<MyHomePage> {
  String resultado = "";

  void ejecutarBucles() {
    resultado = ""; // Reiniciar el resultado

    // Bucle for
    resultado += "Bucle for:\n";
    for (int i = 0; i < 5; i++) {
      resultado += "Iteración $i\n";
    }

    // Bucle for-in
    List<String> nombres = ["Caballero", "Dominguez", "Ayala"];
    resultado += "\nBucle for-in:\n";
    for (String nombre in nombres) {
      resultado += "Nombre: $nombre\n";
    }

    // Bucle while
    int contadorWhile = 0;
    resultado += "\nBucle while:\n";
    while (contadorWhile < 3) {
      resultado += "Contador while: $contadorWhile\n";
      contadorWhile++;
    }

    // Bucle do-while
    int contadorDoWhile = 0;
    resultado += "\nBucle do-while:\n";
    do {
```

```
      resultado += "Contador do-while: $contadorDoWhile\n";
      contadorDoWhile++;
   } while (contadorDoWhile < 2);

   setState(() {}); // Actualizar la UI
 }

 @override
 Widget build(BuildContext context) {
   return Scaffold(
     appBar: appBar(
       title: text("Ejemplo de Bucles"),
     ),
     body: center(
       child: column(
         mainAxisAlignment: mainAxisAlignment.center,
         children: <Widget>[
           ElevatedButton(
             onPressed: ejecutarBucles,
             child: text("Ejecutar bucles"),
           ),
           SizedBox(height: 20),
           Text(resultado),
         ],
       ),
     ),
   );
 }
}.
```

Bucle for

Se utiliza para iterar un número específico de veces.

En este ejemplo, itera 5 veces (desde i = 0 hasta i < 5).

Bucle for-in

Se utiliza para iterar sobre los elementos de una colección (como una lista).

En este ejemplo, itera sobre la lista nombres.

Bucle while

Se utiliza para repetir un bloque de código mientras se cumpla una condición.

En este ejemplo, se repite mientras contadorWhile < 3.

Bucle do-while

Similar al while, pero la condición se evalúa al final del bucle, asegurando que el bloque de código se ejecute al menos una vez.

En este ejemplo, se repite mientras contadorDoWhile < 2.

Al ejecutar la app se ve así:

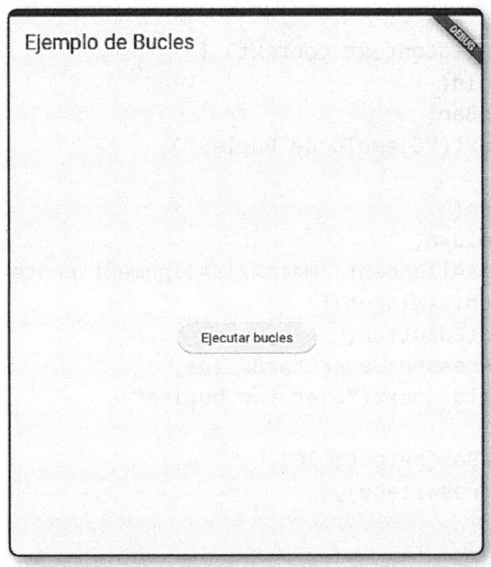

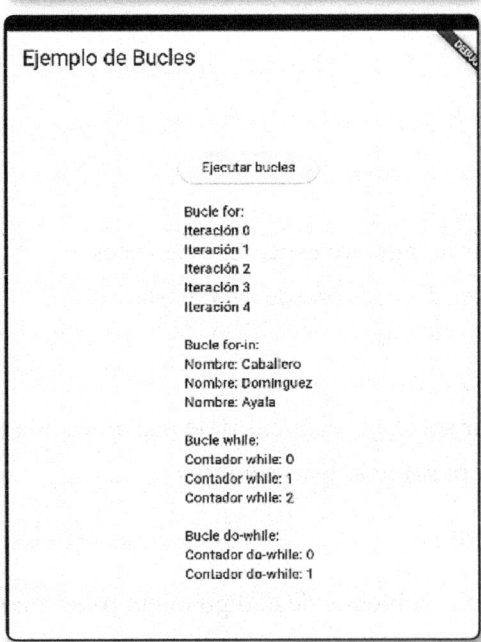

Sentencia if, else if, else

Son estructuras de control que ejecutan código según condiciones dadas.

```dart
import 'package:flutter/material.dart';

void main() {
  runApp(MyApp());
}

class MyApp extends StatelessWidget {
  const MyApp({super.key});

  @override
  Widget build(BuildContext context) {
    return MaterialApp(
      home: myHomePage(),
    );
  }
}

class MyHomePage extends StatefulWidget {
  const MyHomePage({super.key});

  @override
  State<MyHomePage> createState() => _MyHomePageState();
}
class _MyHomePageState extends State<MyHomePage> {
  int puntuacion = 80; // Ejemplo de puntuación
  String mensaje = "";

  void determinarCalificacion() {
    if (puntuacion >= 95) {
      mensaje = "Excelencia";
    } else if (puntuacion >= 85) {
      mensaje = "Muy bien";
    } else if (puntuacion >= 75) {
      mensaje = "Muy bueno";
    } else if (puntuacion >= 60) {
      mensaje = "Bueno";
    } else {
      mensaje = "Aplazado";
    }
    setState(() {}); // Actualiza la UI
  }
```

```
@override
Widget build(BuildContext context) {
  return Scaffold(
    appBar: appBar(
      title: text("Ejemplo de If-Else If"),
    ),
    body: center(
      child: column(
        mainAxisAlignment: mainAxisAlignment.center,
        children: <Widget>[
          Text("Puntos: $puntuacion"),
          ElevatedButton(
            onPressed: determinarCalificacion,
            child: text("Calificar"),
          ),
          SizedBox(height: 20),
          Text("Calificación: $mensaje"),
        ],
      ),
    ),
  );
}
}.
```

Al ejecutar se ve así:

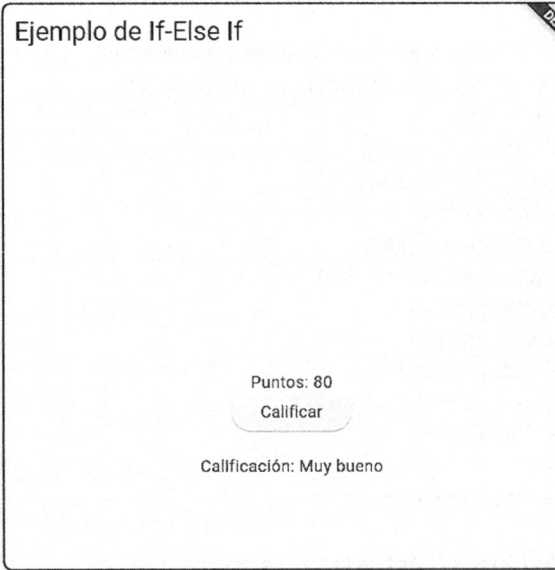

Ejemplo modificado para que el usuario ingrese la nota

```dart
import 'package:flutter/material.dart';

void main() {
  runApp(MyApp());
}

class MyApp extends StatelessWidget {
  const MyApp({super.key});

  @override
  Widget build(BuildContext context) {
    return MaterialApp(
      home: myHomePage(),
    );
  }
}

class MyHomePage extends StatefulWidget {
  const MyHomePage({super.key});

  @override
  State<MyHomePage> createState() => _MyHomePageState();
}

class _MyHomePageState extends State<MyHomePage> {
  int puntuacion = 0; // Inicializamos en 0
  String mensaje = "";
  final TextEditingController _puntuacionController =
      TextEditingController(); // Controlador para el TextField

  void determinarCalificacion() {
    setState(() {
      puntuacion = int.tryParse(_puntuacionController.text) ??
          0; // Obtener puntuación del TextField
      if (puntuacion >= 95) {
        mensaje = "Excelencia";
      } else if (puntuacion >= 85) {
        mensaje = "Muy bien";
      } else if (puntuacion >= 75) {
        mensaje = "Muy bueno";
      } else if (puntuacion >= 60) {
        mensaje = "Bueno";
      } else {
        mensaje = "Aplazado";
      }
    });
  }
```

```
@override
Widget build(BuildContext context) {
  return Scaffold(
    appBar: appBar(
      title: const Text("Ejemplo de If-Else If"),
    ),
    body: padding(
      padding: const EdgeInsets.all(16.0),
      child: column(
        mainAxisAlignment: mainAxisAlignment.center,
        children: <Widget>[
          TextField(
            controller: _puntuacionController,
            keyboardType: textInputType.number,
            decoration:
                const InputDecoration(labelText: "Ingrese la puntuación"),
          ),
          const SizedBox(height: 20),
          ElevatedButton(
            onPressed: determinarCalificacion,
            child: const Text("Calificar"),
          ),
          const SizedBox(height: 20),
          Text("Calificación: $mensaje"),
        ],
      ),
    ),
  );
}
}.
```

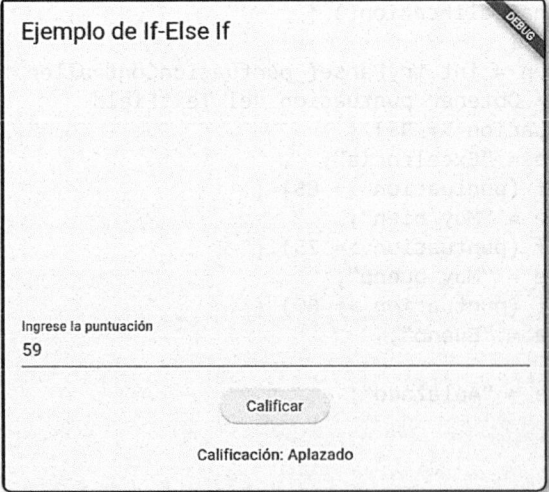

Función

Bloque de código reutilizable para desarrollar tarea específica.

Clase

Molde para producir objetos.

Constructor

Función especial que se usa para crear e inicializar objetos de una clase. Lleva el mismo nombre de la clase.

Hay constructores predeterminados, nombrados, de fábrica, redireccionales, generativos y constantes.

Ejemplo

```
import 'package:flutter/material.dart';

void main() {.
  runApp(const MyApp());
}.

class MyApp extends StatelessWidget {.
  const MyApp({super.key});

  @override.
  Widget build(BuildContext context) {.
    return const MaterialApp(.
      home: myHomePage(),.
    );
  }.
}.

class MyHomePage extends StatefulWidget {.
  const MyHomePage({super.key});

  @override.
  State<MyHomePage> createState() => _MyHomePageState();
}.

// Declaración de la clase Persona (FUERA de _MyHomePageState).
class Persona {.
```

```dart
  // Propiedades de la clase.
  String nombre;
  int edad;

  // Constructor de la clase Persona.
  Persona(this.nombre, this.edad);

  // Función (método) dentro de la clase Persona.
  String presentarse() {
    return "Mi nombre es $nombre y tengo $edad años.";
  }.
}.

class _MyHomePageState extends State<MyHomePage> {.
  // Variable de estado para mostrar el resultado.
  String resultado = "";

  // Función FUERA de la clase Persona.
  String saludar(String nombre) {.
    return "Hola, $nombre!";
  }.

  // Función para ejecutar el ejemplo (crea una instancia de Persona y
llama a las funciones).
  void ejecutarEjemplo() {.
    // Crear una instancia (objeto) de la clase Persona usando el
constructor.
    Persona persona = Persona("Flutter", 10);

    // Llamar a la función presentarse() dentro de la instancia de
Persona.
    String presentacion = persona.presentarse();

    // Llamar a la función saludar() fuera de la clase Persona.
    String saludo = saludar("Dart");

    // Actualizar el estado para mostrar los resultados en la UI.
    setState(() {.
      resultado = "$presentacion\n$saludo";
    });
  }.

  @override.
  Widget build(BuildContext context) {.
    return Scaffold(.
```

```
      appBar: appBar(.
        title: const Text("Ejemplo de Funciones, Clases y
Constructores"),.
      ),.
      body: center(.
        child: column(.
          mainAxisAlignment: mainAxisAlignment.center,.
          children: <Widget>[.
            // Botón para ejecutar el ejemplo.
            ElevatedButton(.
              onPressed: ejecutarEjemplo,.
              child: const Text("Play"),.
            ),.
            // Espacio vertical.
            const SizedBox(height: 20),.
            // Widget Text para mostrar el resultado.
            Text(resultado),.
          ],.
        ),.
      ),.
    );
  }.
}.
```

La interfaz de la app se muestra a continuación.

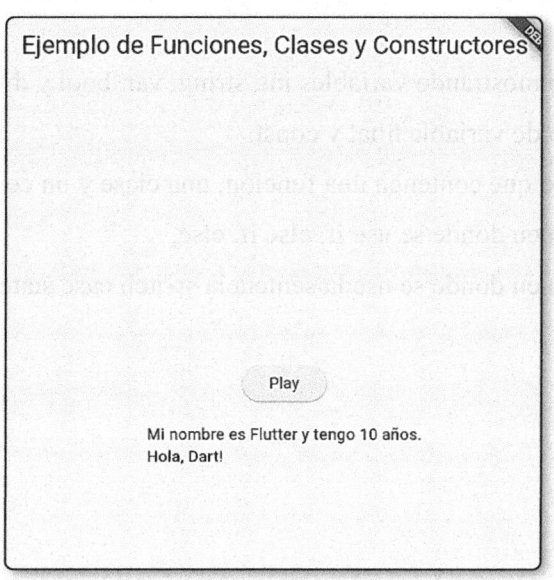

Resumen

Dart como lenguaje de programación orientado a objetos tienen variables, funciones, clases, estructura de control de flujo, constructores, sentencias switch, sentencias if, else, bucles for, for in, while y do while. El código parece complejo en Flutter porque va mezclado con el código de la interfaz de usuario. Es importante saber identificar cada línea y bloque de código para entender mejor el código fuente de la app. en la medida que entiendas el código serás más capaz de escribir tu propio código.

Revisa los ejemplos presentados y trata de entender y replicar el código. Haz modificaciones.

Preguntas

1. ¿Qué es una variable?

2. ¿Qué tipos de variables conoces?

3. ¿Qué es una función?

4. ¿Qué es una clase?

5. ¿Qué es un constructor?

6. ¿Explica las diferencias que hay entre los bucles for, for in, while y do while.

Ejercicios

1. Haz un ejemplo mostrando variables int, string, var, bool y dynamic.

2. Haz un ejemplo de variable final y const.

3. Crea un ejemplo que contenga una función, una clase y un constructor.

4. Haz un ejemplo en donde se use if, else if, else.

5. Haz un ejemplo en donde se use la sentencia switch case statement.

11

MÁS SOBRE LOS WIDGETS

Objetivos

▶ Definir que es un widget.

▶ Conocer los más frecuentes widgets de Flutter.

▶ Definir StatefulWidget.

▶ Definir StatelessWidget.

▶ Conocer cómo crear y personalizar Widgets.

Introducción

Debes conocer bastante acerca de lo que son los Widgets pues ya en secciones previas en este libro se han dado explicaciones teórico practicas acerca de ellos, has incluso desarrollado proyectos de ejemplo como el Scaffold y la appBar.

Ahora toca profundizar en el tema de los Widgets porque la célula es la unidad estructural de los tejidos del cuerpo humano, los Widgets lo son de Flutter.

Los Widgets son los bloques de construcción de la interfaz de usuario de las apps hechas en flutter.

Todo en Flutter son Widgets, unos son específicos para iOS, otros para Android. Conocerlos proporciona más facilidad para el desarrollo.

Aquí mencionaré los más utilizados, tú puedes revisar el resto en la documentación de Flutter porque hay tantos que ocuparía muchos libros solo para ellos.

Widgets en Flutter

En Flutter toda cosa es un Widget, cada widget es una declaración inmutable o parte de la interfaz de usuario.

Tienen una jerarquía basada en la composición y cada widget se anida dentro de su widget padre y puede recibir contexto del mismo.

Hay cientos de ellos prefabricados, ya listos que Flutter te ofrece para el desarrollo.

Hay código implícito en cada una de ellas que ahorra tiempo y trabajo en las tareas de programación.

Con los widgets se construye la interfaz de usuario o IU.

Widgets sin representación visual

Hay Widgets como Padding, Alignment, Row, Column, and Grid que no tienen representación visual propia y su razón de ser es proporcionar algún aspecto de diseño de otros diseños.

Widgets de utilidad

Container es un widget de uso común que se compone de varios widgets responsables del diseño, pintura y el posicionamiento.

Widget con representación visual:

ElevatedButton, Text, Icon, Image.

Construir Widgets

Para crear interfaz de usuario es necesario sobrescribir el método de construcción del objeto widget.

Todos los widgets tienen un método de construcción y deben devolver otro widget.

La función runApp() toma los widgets dados y construye la raíz del árbol de widgets.

Un Hola Mundo lo puedes hacer en Dart usando el editor online disponible pero necesitas a Flutter y sus Widgets para crear la IU.

La función principal de un widget es implementar la función build() que describirá la posición de ese widget en relación a otros widgets de más bajo nivel en el árbol de Widgets.

Por ejemplo, para mostrar el Hola Mundo en una pantalla debe meterse en un widget, en el siguiente ejemplo se hizo en un widget Center.

```dart
import 'package:flutter/material.dart';

void main() {
  runApp(
    Center(
      child: Text(
        '¡Hola mundo!',
        textDirection: TextDirection.ltr,
      ), // Text
    ), // Center
  );
}
```

En este proyecto hay dos Widgets, el Widget Center y su child o hijo widget Text.

```dart
import 'package:flutter/material.dart';

void main() {
  runApp(
    Center(                    Widget Center
      child: Text(             Widget Text
        '¡Hola mundo!',
        textDirection: TextDirection.ltr,
      ), // Text
    ), // Center
  );
}
```

Estados de los Widgets

Los widgets pueden ser statelessWidget y StatefulWidget los primeros no cambian su estado y los segundos sí.

StatelessWidget

No cambian de estado.

Ejemplo de widgets que no cambian de estado

▶ Icon.

▶ IconButton.

▶ Text.

▶ Padding.

▶ StatefulWidget.

Cambian de estado

El widget StatefulWidget en sí no cambia, lo que lo hace es el estado. Son útiles cuando la interfaz de usuario debe cambiar, el StatefulWidget tiene una parte que es el estado de una subclase del StatefulWidget, el cual sí es mutable.

Un StatefulWidget está formado por dos subclases:

▶ Subclase StatefulWidget.

▶ Subclase State que contiene el Widarget con estado cambiante y el método build() del widget.

Cuando el estado del widget cambia, el objeto state invoca el método setState() para que ordene a la plataforma que reconstruya o vuelva a diseñar el widget.

Widgets específicos para iOS

Son construidos en base a Human Interfaz Guidline de Apple y son llamados Widgets Cupertino.

En este grupo están:

▶ CupertinoButton, CupertinoDatePicker,

▶ CupertinoContextMenu, CupertinoAlertDialog, CupertinoActionSheet,

▶ CupertinoActivityIndicator, CupertinoDialog, CupertinoDialogAction,

▶ CupertinoFullScreenDialogTransition, CupertinoTabScaffold y otros.

Widgets específicos para Android

Son construidos en base a Material Design Guidline de Android y son llamados Material Widgets.

Widgets que solo pueden tener un child(hijo).

Se caracterizan porque no puede colocárseles más de un child widget o hijo.

En este grupo están:

- **Center:** Es un widget que centra a su hijo sobre sí mismo.
- **Container:** Widget que permite combinar decoración, tamaño y posición.
- **Expanded:** Widget que permite expandir un child (hijo) de un widget Column, Row o Flex.
- **Padding:** Widget que inserta a su hijo en el padding o relleno dado.
- **SizedBox:** Widget que permite poner medidas de altura (height) y ancho (width) a su child Widget.

Otros Widgets que están en este grupo de los que solo llevan un child son:

Align, AspectRatio, Baseline, ConstrainedBox, CustomSingleChildLayout, FittedBox, FractionalSizedBox, IntrinsicHeight, IntrincicWidth, LimitedBox, Offstage, OverflowBox, SizedOverflowBox, Transform.

Widgets que pueden tener children, es decir varios child (hijos).

Column

Widget que alinea a sus children o widgets hijos en línea vertical.

Row

Widget que alinea a sus children o widget hijos en línea horizontal.

Widget que despliega una lista vertical de widgets, muestra los widgets hijos o child uno tras otro en la dirección del desplazamiento. A continuación se muestran varios ejemplos de Widgets.

Container

Es un widget que combina diseños comunes de posición y tamaño.

Si no tiene widgets hijos ocupará todo el espacio de la pantalla.

Si los tiene se acomoda al diseño y tamaño de los widgets hijos o contenidos en él.

Ejemplo 23. Container

```
import 'package:flutter/material.dart';

class CenteredContainer extends StatelessWidget {
  const CenteredContainer({Key? key}) : super(key: key);
```

```dart
  @override
  Widget build(BuildContext context) {
    return Center(
      child: container(
        margin: edgeInsets.all(20),
        padding: edgeInsets.all(10),
        decoration: boxDecoration(
          border: border.all(color: colors.red, width: 2),
        ),
        child: text('Container con Bordes'),
      ),
    );
  }
}

class MyApp extends StatelessWidget {
  const MyApp({Key? key}) : super(key: key);

  @override
  Widget build(BuildContext context) {
    return MaterialApp(
      home: scaffold(
        appBar: appBar(
          title: const Text('Container'),
        ),
        body: const CenteredContainer(),
      ),
    );
  }
}

void main() {
  runApp(const MyApp());
}.
```

Container con forma redondeada

Ejemplo 24

```
import 'package:flutter/material.dart';

void main() {
  runApp(MyApp());
}

class MyApp extends StatelessWidget {
  @override
  Widget build(BuildContext context) {
    return MaterialApp(
      home: scaffold(
        appBar: appBar(
          title: text('Ejemplo de Container'),
        ),
        body: center(
          child: column(
            mainAxisAlignment: mainAxisAlignment.center,
            children: <Widget>[
              // Container básico con color y tamaño
              Container(
                width: 150,
                height: 150,
                decoration: boxDecoration(
                  color: colors.green,
                  borderRadius: borderRadius.circular(75),
                ),
                child: center(
                  child: text(
                    'Redondo',
                    style: textStyle(color: colors.white),
                  ),
                ),
              ),
            ],
          ),
        ),
      ),
    );
  }
}
```

```
}.
```

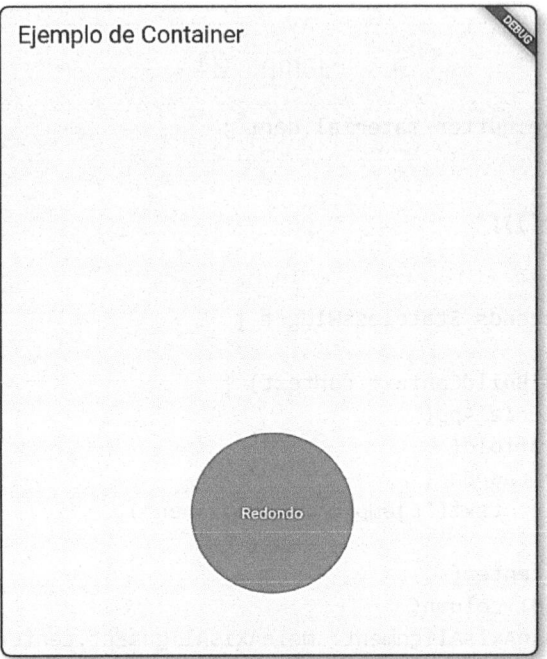

Al contenedor se le puede modificar la propiedad circular a horizontal o vertical.

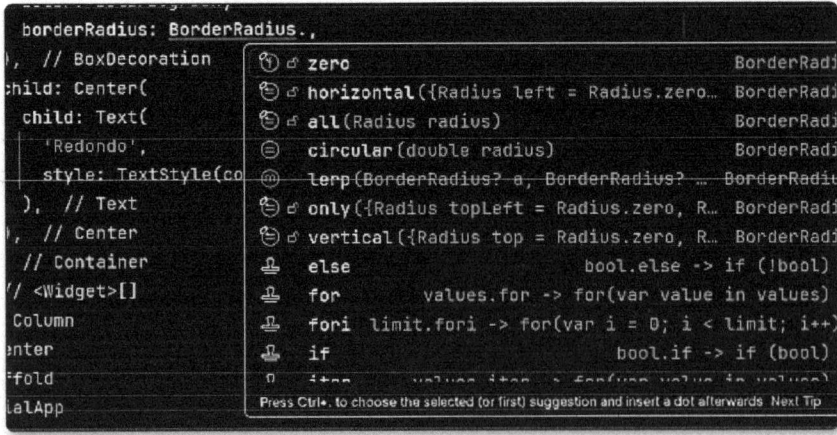

Lo anterior se encuentra viendo las opciones con clic derecho después del punto.

Ejemplo 25. Container

```
import 'package:flutter/material.dart';

void main() {
  runApp(MyApp());
}

class MyApp extends StatelessWidget {
  const MyApp({super.key});

  @override
  Widget build(BuildContext context) {
    return MaterialApp(
      home: container(
        width: 10,
        height: 10,
        decoration: boxDecoration(
          color: colors.red,
          // borderRadius: borderRadius.circular(75),
        ),
      ),
    );
  }
}.
```

El ejemplo anterior es un widget container sin widget en él, por lo que ocupa toda la pantalla.

A continuación un ejemplo de widget container con un widget center y un widget text.

```
import 'package:flutter/material.dart';

void main() {
  runApp(MyApp());
}

class MyApp extends StatelessWidget {
  @override
  Widget build(BuildContext context) {
    return MaterialApp(
      home: scaffold(
        appBar: appBar(
          title: const Text('¿Sabes quien soy? Un Container Widget'),
        ),
        body: center(
          child: container(
            width: 200,
            height: 100,
            decoration: boxDecoration(
              color: colors.brown,
              border: border.all(
                color: colors.black,
                width: 2,
              ),
              borderRadius: borderRadius.circular(10),
            ),
            child: const Center(
              child: text(
                '¡Soy un Container!',
                style: textStyle(
                  color: colors.white,
                  fontSize: 20,
                ),
              ),
            ),
          ),
        ),
      ),
    );
  }
}.
```

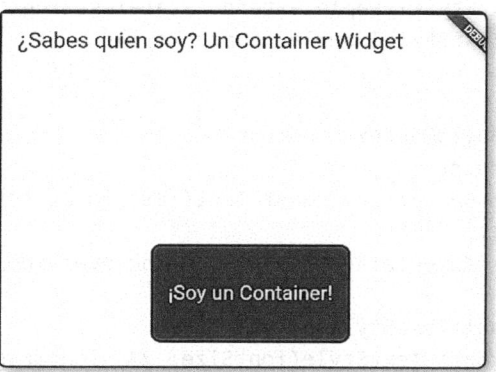

Text

Widget que muestra un String con un estilo sencillo y predeterminado.

El texto puede mostrarse en una o varias líneas.

Si se desea agregar estilo se usa la propiedad textStyle para darle otro color, tamaño, tipo de fuente, etc.

Ejemplo de Estilo de Texto predeterminado

```
import 'package:flutter/material.dart';

void main() => runApp(const DefaultTextStyleApp());

class DefaultTextStyleApp extends StatelessWidget {
  const DefaultTextStyleApp({super.key});

  @override
  Widget build(BuildContext context) {
    return MaterialApp(
      theme: themeData(
        useMaterial3: true,
        brightness: brightness.light,
        colorSchemeSeed: colors.purple,
      ),
      home: const DefaultTextStyleExample(),
    );
  }
}
```

```
class DefaultTextStyleExample extends StatelessWidget {
  const DefaultTextStyleExample({super.key});

  @override
  Widget build(BuildContext context) {
    return Scaffold(
      appBar: appBar(title: const Text('Estilo de texto
predeterminado')),
      // Inherit MaterialApp text theme and override font size and font
weight.
      body: defaultTextStyle.merge(
        style: const TextStyle(fontSize: 24, fontWeight: fontWeight.
bold),
        child: const Center(child: text('Flutter')),
      ),
    );
  }
}.
```

Ejemplo de Text sin estilo

```
import 'package:flutter/material.dart';

void main() {
  runApp(MyApp());
}

class MyApp extends StatelessWidget {
  @override
  Widget build(BuildContext context) {
    return MaterialApp(
      home: scaffold(
        body: const Center(
          child: text(
            '¡soy Text widget sin Estilo!',
          ),
        ),
      ),
    );
  }
}.
```

Text sin Estilo.

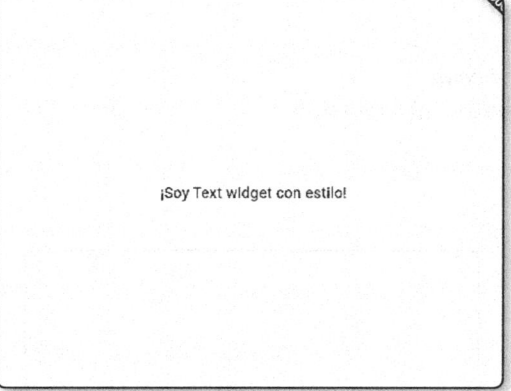

Ejemplo Text con Estilo

```
import 'package:flutter/material.dart';

void main() {
  runApp(MyApp());
}

class MyApp extends StatelessWidget {
  const MyApp({super.key});

  @override
  Widget build(BuildContext context) {
    return MaterialApp(
      home: scaffold(
        body: const Center(
          child: text(
            '¡Soy Text widget con estilo!',
            style: textStyle(
              fontSize: 36,
              color: colors.brown,
              fontWeight: fontWeight.bold,
            ),
          ),
        ),
      ),
    );
  }
}.
```

Fíjate en las líneas de código para agregar estilo.

```
style: textStyle(
  fontSize: 36,
  color: colors.brown,
  fontWeight: fontWeight.bold,
),.
```

Text con Estilo.

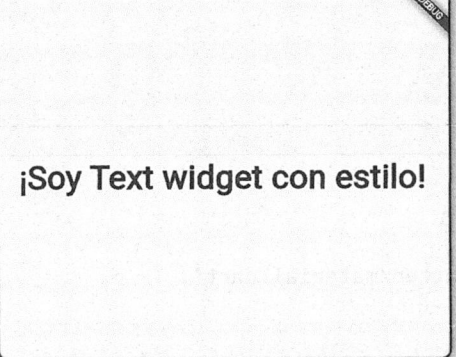

Texto Seleccionable

Hacer un texto seleccionable se logra usando SelectionArea y SelectionContainer.

```
import 'package:flutter/material.dart';

void main() => runApp(const TextoSeleccionable());

class TextoSeleccionable extends StatelessWidget {
  const TextoSeleccionable({super.key});

  @override
  Widget build(BuildContext context) {
    return MaterialApp(
      home: scaffold(
        appBar: appBar(title: const Text('SelectionContainer.disabled
Sample')),
        body: const Center(
          child: selectionArea(
            child: column(
```

```
              mainAxisAlignment: mainAxisAlignment.center,
              children: <Widget>[
                Text('Texto seleccionable'),
                Text('Este texto se puede seleccionar'),
                SelectionContainer.disabled(
                    child: text('Texto no seleccionable')),
                SelectionContainer.disabled(
                    child: text('Texto no seleccionable')),
              ],
            ),
          ),
        ),
      ),
    );
  }
}.
```

Texto seleccionable
Este texto se puede seleccionar
Texto no seleccionable
Texto no seleccionable

Texto que detecta Clics o Touch

Ejemplo 25

```
import 'package:flutter/material.dart';

void main() {
  runApp(TextoReactivo());
}

class TextoReactivo extends StatefulWidget {
  const TextoReactivo({super.key});
```

```dart
  @override
  State<TextoReactivo> createState() => _MyAppState();
}

class _MyAppState extends State<TextoReactivo> {
  String textoUno =
      'Dart'; // Variable de estado que almacena el texto a mostrar.

  void _changeText() {
    // Función que cambia el valor de textoUno al tocar el texto.
    setState(() {
      // setState() notifica a Flutter que el estado del widget ha
cambiado,
      // lo que fuerza una reconstrucción del widget.
      textoUno = textoUno == 'Dart' ? 'Dart, Flutter y Android Studio'
: 'Dart';
      // Cambia textoUno alternando entre las dos cadenas.
    });
  }

  @override
  Widget build(BuildContext context) {
    return MaterialApp(
      home: scaffold(
        body: center(
          child: gestureDetector(
            // GestureDetector detecta gestos táctiles.
            onTap:
                _changeText, // Asigna la función _changeText() al
evento onTap.
                // onTap se llama cuando el usuario toca (presiona y
suelta) el widget hijo.
            child: text(
              textoUno, // Muestra el valor actual de textoUno.
              style:
                  const TextStyle(fontSize: 24), // Aplica un estilo al
texto.
            ),
          ),
        ),
      ),
    );
  }
}.
```

Al dar clic en Dart cambiará el texto.

Column

Widget que coloca a sus hijos (widgets dependientes) en modo vertical.

Para promover que el widget hijo de un widget column ocupe todo el espacio vertical de la columna se debe envolver al widget hijo en un widget Expanded.

El widget Column no tiene Scroll, en este caso se recomienda usar ListView.

Si el Column tiene solo un hijo o hija puedes posicionarlo con el widget Center y Align.

En el siguiente ejemplo se muestra el código del widget Column que tiene 3 hijos (childrens) Dos Text y un Center el cual a su vez tiene un widget hijo llamado Icon.

Si revisas el código veras que Column es hija de Center.

El widget Center solo puede tener un hijo o hija y columna puede tener varios hijos.

```
import 'package:flutter/material.dart';

void main() {
  runApp(MyApp());
}

class MyApp extends StatelessWidget {
```

```dart
    const MyApp({super.key});

    @override
    Widget build(BuildContext context) {
      return MaterialApp(
        home: scaffold(
          appBar: appBar(
            title: text('Columna'),
          ),
          body: center(
            child: column(
              mainAxisAlignment:
                  MainAxisAlignment.center, // Centra verticalmente los
widgets
              children: <Widget>[
                Text('Soy lenguaje Dart'),
                Text('Trabajo con Flutter y Android Studio'),
                Center(
                  child: icon(Icons.money),
                ),
              ],
            ),
          ),
        ),
      );
    }
}.
```

Modificando un poco el código agregando un FittedBox como hijo de Expanded y a este ponerle un hijo FlutterLogo el código quedará como sigue.

```dart
import 'package:flutter/material.dart';

void main() {
  runApp(MyApp());
}

class MyApp extends StatelessWidget {
  const MyApp({super.key});
```

```
@override
Widget build(BuildContext context) {
  return MaterialApp(
    home: scaffold(
      appBar: appBar(
        title: text('Columna'),
      ),
      body: center(
        child: column(
          mainAxisAlignment:
              MainAxisAlignment.center, // Centra verticalmente los
widgets
          children: <Widget>[
            Text('Soy lenguaje Dart'),
            Text('Trabajo con Flutter y Android Studio'),
            Expanded(
              child: fittedBox(
                child: flutterLogo(),
              ),
            )
          ],
        ),
      ),
    ),
  );
}
}.
```

Row

Widget que coloca sus hijos o widgets dependientes en modo horizontal.

Para promover que el widget hijo de un widget Column ocupe todo el espacio vertical de la columna se debe envolver al widget hijo en un widget Expanded.

Si el Column tiene solo un hijo o hija puedes posicionarlo con el widget Center y Align.

Ejemplo de Row(Fila)

```
import 'package:flutter/material.dart';

void main() {
  runApp(MyApp());
```

```
}

class MyApp extends StatelessWidget {
  const MyApp({super.key});

  @override
  Widget build(BuildContext context) {
    return MaterialApp(
      home: scaffold(
        appBar: appBar(
          title: text('Ejemplo de Row'),
        ),
        body: row(
          children: <Widget>[
            Expanded(
              child: text('Nombres: ', textAlign: textAlign.center),
            ),
            Expanded(
              child: text('Luis Alonso', textAlign: textAlign.center),
            ),
            Expanded(
              child: text('Apellidos:', textAlign: textAlign.center),
            ),
            Expanded(
              child: text('Ayala Ponce', textAlign: textAlign.center),
            ),
            Expanded(
              child: fittedBox(
                child: flutterLogo(),
              ),
            ),
          ],
        ),
      ),
    );
  }
}.
```

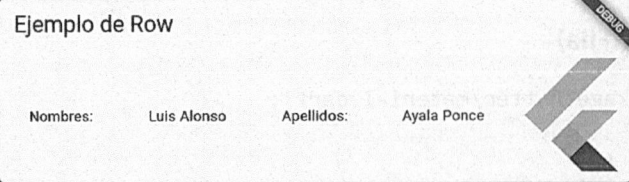

En el siguiente ejemplo hay una combinación de Columnas y Filas

```
import 'package:flutter/material.dart';

void main() {
  runApp(MyApp());
}

class MyApp extends StatelessWidget {
  const MyApp({super.key});

  @override
  Widget build(BuildContext context) {
    return MaterialApp(
      home: scaffold(
        appBar: appBar(
          title: text('Ejemplo de  Columnas y Filas'),
        ),
        body: column(
          children: <Widget>[
            // Encabezados
            Row(
              children: <Widget>[
                Expanded(
                  child: text('Nombres:',
                      textAlign: textAlign.center,
                      style: textStyle(fontWeight: fontWeight.bold)),
                ),
                SizedBox(width: 10),
                Expanded(
                  child: text('Apellidos:',
                      textAlign: textAlign.center,
                      style: textStyle(fontWeight: fontWeight.bold)),
                ),
                SizedBox(width: 10),
                Expanded(
                  child: text('Flutter', // Nuevo encabezado
                      textAlign: textAlign.center,
                      style: textStyle(fontWeight: fontWeight.bold)),
                ),
              ],
            ),
            // Datos
            Row(
              children: <Widget>[
```

```
                    Expanded(
                      child: text('Luis Alonso', textAlign: textAlign.center),
                    ),
                    SizedBox(width: 10),
                    Expanded(
                      child: text('Ayala Ponce', textAlign: textAlign.center),
                    ),
                    Expanded(
                      child: fittedBox(
                        child: flutterLogo(),
                      ),
                    ),
                  ],
                ),
              ],
            ),
          ),
        );
    }
}.
```

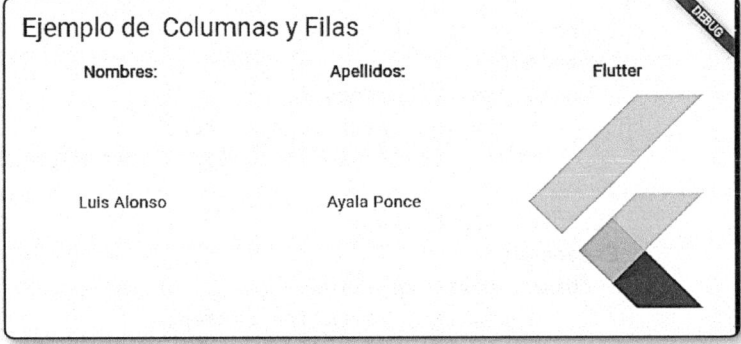

Ejemplo donde se combinan columnas y filas para formar una tabla

```
import 'package:flutter/material.dart';

void main() {
  runApp(MyApp());
}

class MyApp extends StatelessWidget {
  const MyApp({super.key});
```

```
@override
Widget build(BuildContext context) {
  return MaterialApp(
    home: scaffold(
      appBar: appBar(
        title: text('Ejemplo de Tabla'),
      ),
      body: table(
        border: tableBorder.all(),
        columnWidths: const <int, TableColumnWidth>{
          0: flexColumnWidth(),
          1: flexColumnWidth(),
          2: flexColumnWidth(),
        },
        defaultVerticalAlignment: tableCellVerticalAlignment.middle,
        children: <TableRow>[
          TableRow(
            children: <Widget>[
              TableCell(
                child: center(
                  child: text('Nombres:',
                      style: textStyle(fontWeight: fontWeight.bold)),
                ),
              ),
              TableCell(
                child: center(
                  child: text('Apellidos:',
                      style: textStyle(fontWeight: fontWeight.bold)),
                ),
              ),
              TableCell(
                child: center(
                  child: text('Plataforma:',
                      style: textStyle(fontWeight: fontWeight.bold)),
                ),
              ),
            ],
          ),
          TableRow(
            children: <Widget>[
              TableCell(
                child: center(
                  child: text('Luis Alonso'),
                ),
              ),
```

```
            TableCell(
              child: center(
                child: text('Ayala Ponce'),
              ),
            ),
            TableCell(
                child: center(
                    child: fittedBox(
                child: flutterLogo(),
            )))
          ],
        ),
        TableRow(
          children: <Widget>[
            TableCell(
              child: center(
                child: text('Yessy Carolina'),
              ),
            ),
            TableCell(
              child: center(
                child: text('Arriaga Mendez'),
              ),
            ),
            TableCell(
                child: center(
                    child: fittedBox(
                child: flutterLogo(),
            )))
          ],
        ),
        TableRow(
          children: <Widget>[
            TableCell(
              child: center(
                child: text('Alma Aurora'),
              ),
            ),
            TableCell(
              child: center(
                child: text('Leiva Paz'),
              ),
            ),
            TableCell(
                child: center(
```

```
                    child: fittedBox(
                child: flutterLogo(),
              )))
          ],
        ),
      ],
    ),
  ),
 );
}
}.
```

Ejemplo de Tabla

Nombres:	Apellidos:	Plataforma:
Luis Alonso	Ayala Ponce	
Yessy Carolina	Arriaga Mendez	
Alma Aurora	Leiva Paz	

ElevatedButton

Es un botón con aspecto elevado que le da forma tridimensional. Es de uso común en Flutter. Es personalizable porque permite cambiar tamaño, color y forma.

onPressed define la función que se ejecuta cuando el ElevatedButton es presionado.

En el ejemplo que sigue se muestra un ElevatedButton que al ser presionado muestra un mensaje.

Ejemplo 26

```
import 'package:flutter/material.dart';

void main() {
  runApp(MyApp());
}

class MyApp extends StatefulWidget {
  @override
  _MyAppState createState() => _MyAppState();
}
```

```
class _MyAppState extends State<MyApp> {
  String mensaje = ''; // Variable para almacenar el mensaje

  @override
  Widget build(BuildContext context) {
    return MaterialApp(
      home: scaffold(
        appBar: appBar(
          title: text('Ejemplo de ElevatedButton'),
        ),
        body: center(
          child: column(
            mainAxisAlignment: mainAxisAlignment.center,
            children: <Widget>[
              ElevatedButton(
                onPressed: () {
                  setState(() {
                    mensaje = 'Presionaron ElevatedButton';
                  });
                },
                child: text('Presionar'),
              ),
              SizedBox(height: 20), // Espacio entre el botón y el
texto
              Text(mensaje), // Muestra el mensaje
            ],
          ),
        ),
      ),
    );
  }
}.
```

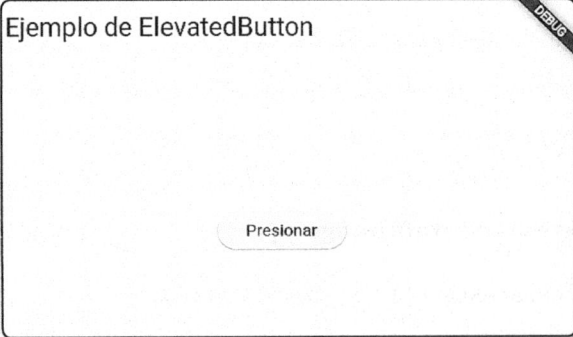

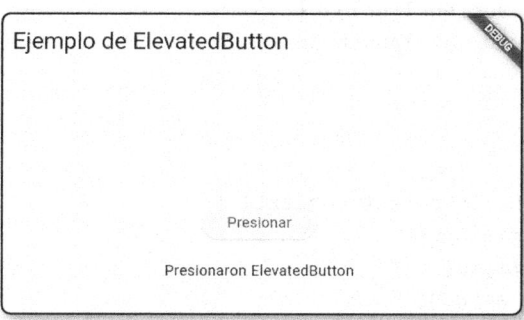

En el siguiente ejemplo se muestran varios ElevatedButton con diferentes eventos que suceden al presionar.

Ejemplo 27. Botones varios

```dart
import 'package:flutter/material.dart';
import 'package:intl/intl.dart';
import 'package:url_launcher/url_launcher.dart';

void main() {
  runApp(MyApp());
}

class MyApp extends StatefulWidget {
  @override
  _MyAppState createState() => _MyAppState();
}

class _MyAppState extends State<MyApp> {
  String mensaje = '';
  DateTime? _selectedDate;
  Color backgroundColor = Colors.white;

  void _showCurrentDate() {
    setState(() {
      _selectedDate = DateTime.now();
    });
  }

  _launchURL() async {
    final Uri url = Uri.parse('https://www.ventanamedica.com/');
```

```dart
    if (!await launchUrl(url)) {
      throw 'Could not launch $url';
    }
  }


  @override
  Widget build(BuildContext context) {
    return MaterialApp(
      home: scaffold(
        appBar: appBar(
          title: text('Ejemplo de ElevatedButton'),
        ),
        backgroundColor: backgroundColor,
        body: center(
          child: column(
            mainAxisAlignment: mainAxisAlignment.center,
            children: <Widget>[
              ElevatedButton(
                onPressed: () {
                  setState(() {
                    mensaje = 'Hola Flutter';
                  });
                },
                child: text('Mostrar mensaje'),
              ),
              SizedBox(height: 10),
              ElevatedButton(
                onPressed: _showCurrentDate, // Llama a _showCurrentDate
                child: text('Mostrar Fecha Actual'),
              ),
              SizedBox(height: 10),
              ElevatedButton(
                onPressed: _launchURL,
                child: text('Ir a ventanamedica.com'),
              ),
              SizedBox(height: 10),
              ElevatedButton(
                onPressed: () {
                  setState(() {
                    backgroundColor = backgroundColor == Colors.white
                        ? Colors.blue
                        : colors.white;
                  });
                },
                child: text('Cambiar color de fondo'),
```

```
              ),
              SizedBox(height: 20),
              Text(mensaje),
              Text(_selectedDate == null
                  ? ''
                  : 'Fecha hoy: ${DateFormat('dd/MM/yyyy').format(_
selectedDate!)}'),
            ],
          ),
        ),
      ),
    );
  }
}.
```

Antes de ejecutar el proyecto debes instalar dos paquetes en el archivo pubspec.yaml

`intl: ^0.19.0` y `url_launcher: ^6.3.1.`

Se verá así:

```
dependencies:
  flutter:
    sdk: flutter
  intl: ^0.19.0
  url_launcher: ^6.3.1.
```

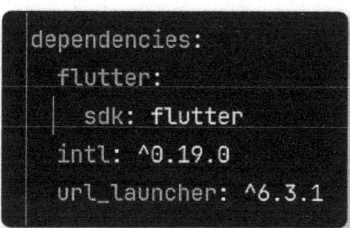

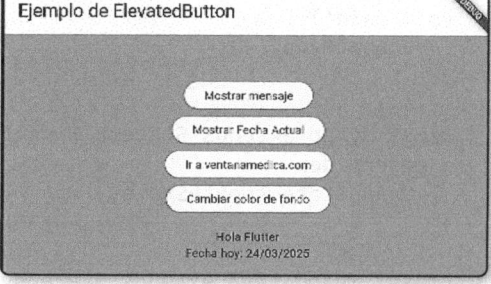

floatingActionButton

Es un botón con frecuencia que está en la esquina inferior derecha de la pantalla.

Características principales:

1. **Acción principal:** se utiliza para la acción principal o más común en la pantalla actual.

2. **Posición flotante:** se muestra sobre el contenido de la pantalla, en una posición fija (generalmente en la esquina inferior derecha).

3. **Apariencia circular:** por defecto, tiene una forma circular con un icono en el centro.

4. **Sombra elevada:** tiene una sombra que le da una apariencia elevada, destacándolo visualmente.

5. **Personalizable:** puedes cambiar su color, icono, forma, tamaño y otros aspectos visuales.

6. **Propiedad onPressed:** define la función que se ejecuta cuando se presiona el botón.

Puedes personalizar el FloatingActionButton usando sus propiedades y la clase FloatingActionButton.styleFrom.

1. **backgroundColor:** cambia el color de fondo del botón.

2. **foregroundColor:** cambia el color del icono o texto del botón.

3. **elevation:** cambia la cantidad de sombra del botón.

4. **shape:** cambia la forma del botón (circular, rectangular, etc.).

5. **mini:** cambia el tamaño del botón a un tamaño más pequeño.

Ejemplo en donde al presionar el floatingActionButton se muestra la fecha y hora

```
import 'package:flutter/material.dart';
import 'package:intl/intl.dart';

void main() {
  runApp(MyApp());
}

class MyApp extends StatefulWidget {
  @override
  _MyAppState createState() => _MyAppState();
}

class _MyAppState extends State<MyApp> {
  String _dateTime = '';
```

```
  void _showDateTime() {
    setState(() {
      _dateTime = DateFormat('yyyy-MM-dd HH:mm:ss').format(DateTime.
now());
    });
  }
  @override
  Widget build(BuildContext context) {
    return MaterialApp(
      home: scaffold(
        appBar: appBar(
          title: text('FloatingActionButton Fecha/Hora'),
        ),
        body: center(
          child: column(
            mainAxisAlignment: mainAxisAlignment.center,
            children: <Widget>[
              Text(
                _dateTime,
                style: textStyle(fontSize: 20),
              ),
            ],
          ),
        ),
        floatingActionButton: floatingActionButton(
          onPressed: _showDateTime,
          child: icon(Icons.access_time),
          tooltip: 'Mostrar Fecha/Hora',
        ),
      ),
    );
  }
}.
```

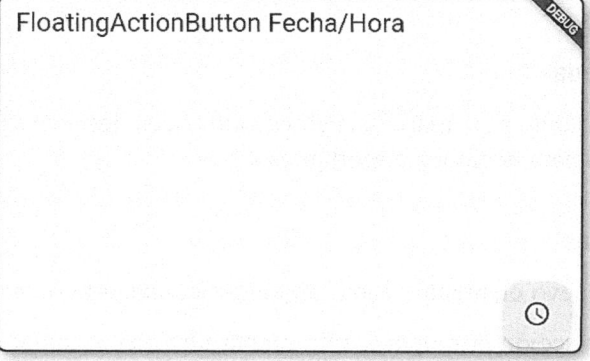

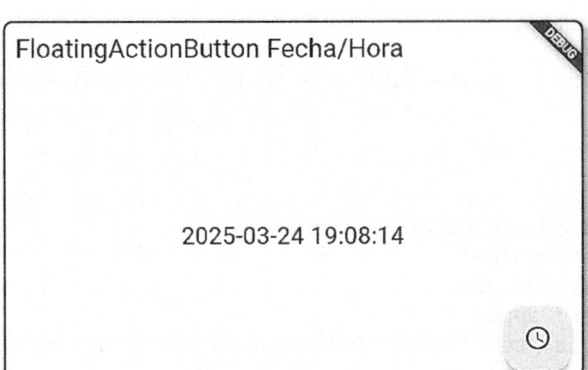

Ejemplo en donde al presionar el floatingActionButton se aumenta el número en el contador.

Decidir entre usar FAB o EB.

A continuacion algunas recomendaciones para elegir cual de los dos botones usar.

FloatingActionButton (FAB)

Acción principal

Utiliza un FAB para la acción principal o más común en la pantalla actual. Por ejemplo, en una aplicación de correo electrónico, el FAB podría usarse para redactar un nuevo correo.

Acceso rápido

Es ideal para acciones que el usuario necesita realizar con frecuencia y rapidez.

Posición destacada

Su posición flotante y su apariencia elevada lo hacen destacar visualmente, lo que lo hace adecuado para acciones importantes.

Ejemplos comunes

1. Crear un nuevo elemento (como un mensaje, una nota o una tarea).

2. Iniciar una acción principal (como grabar un vídeo o tomar una foto).

3. Agregar un nuevo elemento a una lista.

ElevatedButton

Acciones secundarias:

Utiliza ElevatedButton para acciones secundarias o menos frecuentes en la pantalla.

Acciones dentro de un contexto:

Es adecuado para acciones que forman parte de un flujo de trabajo o una sección específica de la pantalla.

Acciones con texto extenso

Si el texto del botón es largo o descriptivo, ElevatedButton es una mejor opción que un FAB, ya que puede acomodar más texto.

Ejemplos comunes

1. Enviar un formulario.

2. Confirmar una acción.

3. Navegar a otra pantalla.

4. Realizar acciones dentro de una lista o formulario.

Si la acción es la principal y necesita un acceso rápido, usa un FloatingActionButton.

Si la acción es secundaria o forma parte de un flujo de trabajo específico, usa un ElevatedButton.

Ejemplo

```
import 'package:flutter/material.dart';

void main() {
  runApp(MyApp());
}

class MyApp extends StatefulWidget {
  @override
  _MyAppState createState() => _MyAppState();
}

class _MyAppState extends State<MyApp> {
```

```
  int _counter = 0;

  void _incrementCounter() {
    setState(() {
      _counter += 10;
    });
  }

  @override
  Widget build(BuildContext context) {
    return MaterialApp(
      home: scaffold(
        appBar: appBar(
          title: text('Contador con FAB'),
        ),
        body: center(
          child: text(
            '$_counter',
            style: textStyle(fontSize: 48),
          ),
        ),
        floatingActionButton: floatingActionButton(
          onPressed: _incrementCounter,
          tooltip: 'Incrementar en 10',
          child: icon(Icons.add),
        ),
      ),
    );
  }
}.
```

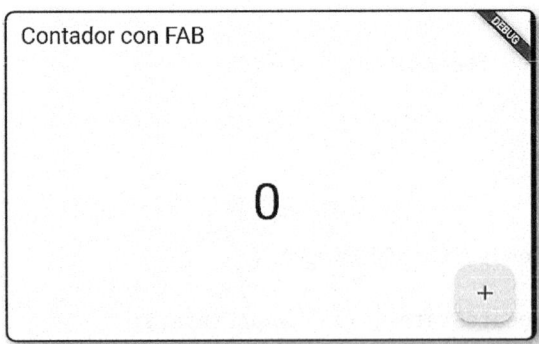

Icon

Es un widget no interactivo.

Si se desea Icon interactivo revisar IconButton.

El widget Icon se usa para mostrar iconos gráficos en una aplicación Flutter. Puedes personalizar su color, tamaño y la imagen del icono en sí. Normalmente se usan para mostrar elementos visuales que no son interactivos en la interfaz de usuario. Por ejemplo, podrías mostrar un icono de estrella para indicar que un elemento es importante o un icono de papelera para indicar que se puede eliminar un elemento.

Los iconos se pueden usar en appBar, botones y otros widgets en flutter.

Ejemplo de Icon

```
import 'package:flutter/material.dart';

void main() {
  runApp(MyApp());
}

class MyApp extends StatelessWidget {
  @override
  Widget build(BuildContext context) {
    return MaterialApp(
      debugShowCheckedModeBanner: false,
      home: scaffold(
        appBar: appBar(
          title: text('Ejemplo de Icono en AppBar'),
          actions: <Widget>[
            IconButton(
              icon: icon(Icons.search), // Usa el icono de búsqueda
              onPressed: () {
                // Agrega aquí la lógica para la acción del icono
                print('Icono de búsqueda presionado');
              },
            ),
          ],
        ),
        body: center(
          child: text('Arriva se muestra Icon buscador o research'),
        ),
      ),
    );
  }
}.
```

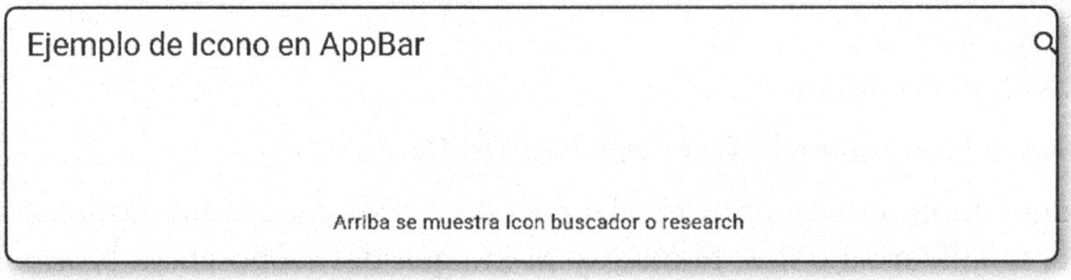

En esta parte del código puedes cambiar el Icono.

icon: icon(Icons.*search*), // Usa el icono de búsqueda.

Para elegir otro icono posiciónate en el punto después de Icons. Y se te mostrará una lista de íconos.

Como puedes ver, hay una buena cantidad de diseño de iconos disponibles.

Ejemplo mostrando diferentes iconos

```dart
import 'package:flutter/material.dart';

void main() {
  runApp(MyApp());
}

class MyApp extends StatelessWidget {
  const MyApp({super.key});
```

```
@override
Widget build(BuildContext context) {
  return MaterialApp(
    home: scaffold(
      appBar: appBar(
        title: const Text('Ejemplo de Fila de Iconos'),
      ),
      body: const Center(
        child: row(
          mainAxisAlignment: mainAxisAlignment.spaceAround,
          children: <Widget>[
            Icon(
              Icons.add,
              color: colors.pink,
              size: 64.0,
              semanticLabel: 'Icono de favorito',
            ),
            Icon(
              Icons.abc,
              color: colors.green,
              size: 64.0,
              semanticLabel: 'Icono de audio',
            ),
            Icon(
              Icons.access_time,
              color: colors.blue,
              size: 64.0,
              semanticLabel: 'Icono de playa',
            ),
          ],
        ),
      ),
    ),
  );
}
}.
```

IconButton

El widget IconButton en Flutter se utiliza para crear un botón que muestra un icono. A diferencia del widget Icon, IconButton es interactivo, lo que significa que el usuario puede tocarlo para desencadenar una acción. Es común usar IconButton en la barra de aplicaciones (AppBar) o en cualquier lugar donde necesites un botón con un icono.

Ejemplo de IconButton

```
import 'package:flutter/material.dart';
import 'package:intl/intl.dart';

void main() {
  runApp(MyApp());
}

class MyApp extends StatelessWidget {
  @override
  Widget build(BuildContext context) {
    return MaterialApp(
      debugShowCheckedModeBanner: false,
      home: myIconButtonExample(),
    );
  }
}

class MyIconButtonExample extends StatefulWidget {
  @override
  _MyIconButtonExampleState createState() => _
MyIconButtonExampleState();
}

class _MyIconButtonExampleState extends State<MyIconButtonExample> {
  String _dateTime = '';

  void _showDateTime() {
    setState(() {
      _dateTime = DateFormat('yyyy-MM-dd HH:mm:ss').format(DateTime.
now());
    });
  }

  @override
  Widget build(BuildContext context) {
    return Scaffold(
      appBar: appBar(
        title: text('IconButton Fecha/Hora'),
        actions: <Widget>[
          IconButton(
            icon: icon(Icons.access_time),
            onPressed: _showDateTime,
          ),
        ],
      ),
      body: center(
        child: text(_dateTime),
```

```
      ),
    );
  }
}.
```

Icono de la app(flutter_launcher_icons:)

flutter_launcher_icons es un paquete de Flutter que simplifica la generación de iconos de inicio para tus aplicaciones en iOS y Android. Este paquete te permite crear iconos de diferentes tamaños requeridos por cada plataforma a partir de una sola imagen fuente. Esto te ahorra tiempo y asegura que tus iconos se vean bien en todos los dispositivos.

Pasos para configurar el icono de tu aplicación:

1. Agrega la dependencia:
   - Abre el archivo pubspec.yaml en la raíz de tu proyecto Flutter.
   - Agrega flutter_launcher_icons como una dev_dependency:

   YAML

   ```
   dev_dependencies:
     flutter_test:
       sdk: flutter.
     flutter_launcher_icons: "^0.13.1" # Reemplaza con la versión más
   reciente.
   ```

   - Ejecuta flutter pub get en la terminal para descargar el paquete.

2. Crea la imagen del icono:
   - Crea una imagen cuadrada de alta resolución para tu icono (por ejemplo, 1024x1024 píxeles).
   - Coloca la imagen en una carpeta dentro de tu proyecto, por ejemplo, assets/icon/icon.png.

3. Configura flutter_launcher_icons en pubspec.yaml:
   - Agrega la sección flutter_icons en el archivo pubspec.yaml:

   YAML

   ```
   flutter_icons:
     android: "launcher_icon" # Nombre del icono para Android.
     ios: true # Genera iconos para iOS.
     image_path: "assets/icon/icon.png" # Ruta a tu imagen del icono.
     min_sdk_android: 21 # opcional: sDK mínimo para Android.
     remove_alpha_ios: true # opcional: remueve el canal alfa para ios.
   ```

- Asegúrate de que la ruta en image_path sea correcta.
- Puedes personalizar la configuración para Android e iOS según tus necesidades.

4. Genera los iconos:

- Ejecuta el siguiente comando en la terminal:

Bash.

```
flutter pub run flutter_launcher_icons.
```

- Este comando generará los iconos de inicio en las carpetas android/app/src/main/res y ios/Runner/Assets.xcassets/AppIcon.appiconset.

5. Ejecuta la aplicación:

- Ejecuta tu aplicación en un emulador o dispositivo para ver los nuevos iconos.

Consideraciones adicionales:

⚐ Es importante que el icono que proporciones, sea de buena calidad, ya que este se adaptara a varios tamaños, en diferentes dispositivos.

⚐ Es importante que la version del paquete flutter_launcher_icons que uses sea la más actualizada posible.

Hay maneras más fáciles para generar iconos usando aplicaciones que se pueden descargar gratis o de pago y también usando páginas web online como https://www.appicon.co/ que genera iconos para Ios y Android.

Subes una imagen con la resolución y tamaño apropiado. Te genera una carpeta para cada uno.

Luego abre la ruta, nombre del proyecto →Android→ app→src → res→ en este punto debes abrir res en el explorador para ver las imágenes.

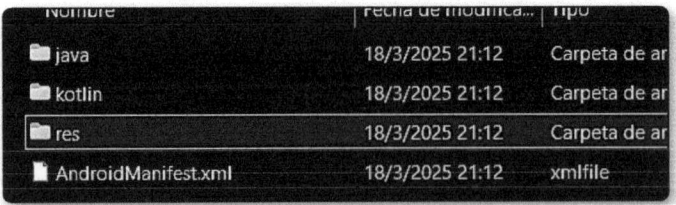

Debes dar clic derecho en res para ver Open in o Abrir en y luego te muestra el explorador.

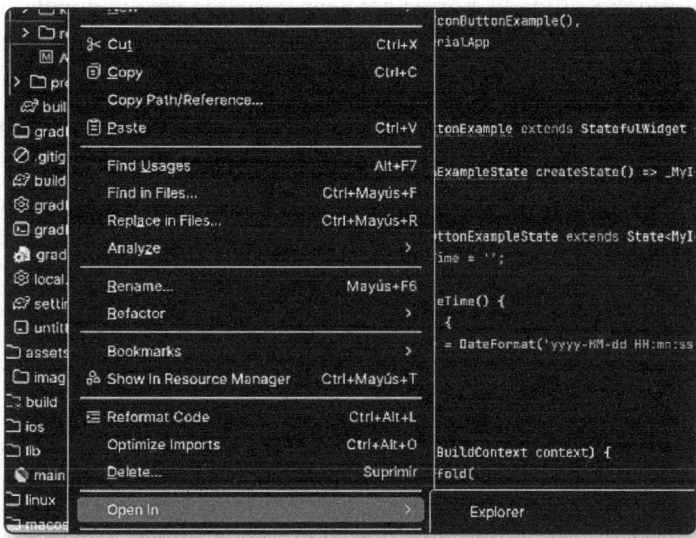

Al abrir el explorador te mostrará varias carpetas en donde están las imágenes.

Nombre	Fecha de modifica...	Tipo
drawable	18/3/2025 21:12	Carpeta de
drawable-v21	18/3/2025 21:12	Carpeta de
mipmap-hdpi	18/3/2025 21:12	Carpeta de
mipmap-mdpi	18/3/2025 21:12	Carpeta de
mipmap-xhdpi	18/3/2025 21:12	Carpeta de
mipmap-xxhdpi	18/3/2025 21:12	Carpeta de
mipmap-xxxhdpi	18/3/2025 21:12	Carpeta de
values	18/3/2025 21:12	Carpeta de
values-night	18/3/2025 21:12	Carpeta de

drawable	18/3/2025 21:12	Carpeta de arc...
drawable-v21	18/3/2025 21:12	Carpeta de arc...
mipmap-hdpi	18/3/2025 21:12	Carpeta de arc...
mipmap-mdpi	18/3/2025 21:12	Carpeta de arc...
mipmap-xhdpi	18/3/2025 21:12	Carpeta de arc...
mipmap-xxhdpi	18/3/2025 21:12	Carpeta de arc...
mipmap-xxxhdpi	18/3/2025 21:12	Carpeta de arc...
values	18/3/2025 21:12	Carpeta de arc...
values-night	18/3/2025 21:12	Carpeta de arc...

Debes con mucho cuidado borrar solo las carpetas seleccionadas y sustituirlas por las carpetas con el mismo nombre que te generó la página web y que están en la carpeta Android.

Te recuerdo que la página web genera dos folders o carpetas una para Android y otra para iOS. Y ambas están contenidas en una carpeta llamada app icons.

Si abres la imágenes contenidas en res veras el icono launcher predeteminado.

Si hiciste el procedimiento correctamente se mostrara, no el icono de Flutter, sino, el ícono con la imagen que tú elegiste.

Recuerda que este procedimiento que acabo de explicar solo es para Android, para iOS es otro procedimiento que luego te explicaré.

Cómo generar icono para IOS.

Checkbox

Widget que permite seleccionar o deseleccionar una opción, equivalente a sí o no, verdadero o falso.

Si el Checkbox está seleccionado es verdadero si no, es falso.

value: la propiedad que indica el estado actual del checkbox (true o false). *Debes controlar el valor de value externamente (en el estado de un StatefulWidget) y actualizarlo dentro de la función onChanged usando setState(). Si no lo haces, el checkbox no cambiará visualmente.*

Útil en formularios en donde se pueden elegir varias opciones.

Las propiedades más importantes son:

▸ **onChanged:** es una *función callback* que se ejecuta cuando el usuario toca el checkbox. Esta función recibe el nuevo valor del checkbox (true o false) como argumento.

Apariencia:

1. Material Design: por defecto, en Flutter se usa el estilo de Material Design. El checkbox se muestra como un pequeño cuadrado que se rellena con una marca de verificación (√) cuando está seleccionado.

2. Cupertino (iOS): puedes usar CupertinoCheckbox para una apariencia nativa de iOS (un círculo que se rellena).

3. Personalización: puedes personalizar la apariencia del checkbox (colores, tamaño, etc.) usando propiedades como activeColor, checkColor, fillColor, shape, etc.

▶ **tristate:** un Checkbox puede tener opcionalmente 3 estados. Si tristate es true, el valor de value puede ser true, false o *null*.

▶ **mouseCursor:** permite establecer el cursor a mostrar cuando el mouse está sobre el widget.

Ejemplo de Check Box

```
import 'package:flutter/material.dart';
void main() {.
  runApp(const MyApp());
}.
class MyApp extends StatefulWidget {.
  const MyApp({super.key});
  @override.
  State<MyApp> createState() => _MyAppState();
}.
class _MyAppState extends State<MyApp> {.
  bool _isChecked = false; // Estado del checkbox (inicialmente
desmarcado).
  @override.
  Widget build(BuildContext context) {.
    return MaterialApp(.
      home: scaffold(.
        appBar: appBar(title: const Text('Checkbox Example')),.
        body: center(.
          child: checkbox(.
            value: _isChecked, // El estado del checkbox.
            onChanged: (bool? newValue) { // Función que se ejecuta al
cambiar el estado.
              setState(() {.
                _isChecked = newValue!; // Actualiza el estado.  El '!'
es el operador null-check.
              });
            },.
          ),.
        ),.
      ),.
    ),.
```

```
    );
  }.
}.
```

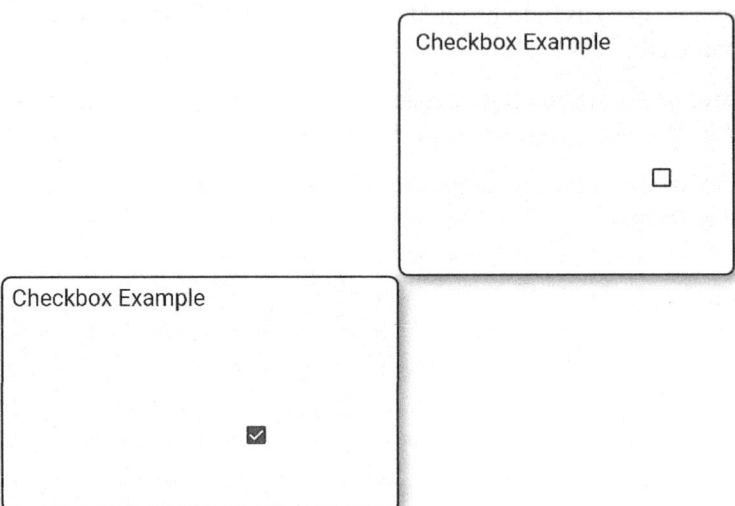

Explicación del Código:

1. **_isChecked:** una variable de estado (bool) que almacena el valor actual del checkbox. Se inicializa a false (desmarcado). *Es fundamental que esta variable esté dentro de un StatefulWidget.*

2. **Checkbox(value: _isChecked, ...):** crea el widget Checkbox.

   - value: _isChecked: vincula el estado visual del checkbox a la variable _isChecked.

   - onChanged: (bool? newValue) { ... }: la función que se ejecuta cuando el usuario toca el checkbox.
     - newValue: es el nuevo valor del checkbox (true o false). Es de tipo bool? (booleano nulable) porque el checkbox puede tener un tercer estado "indeterminado" si tristate es true (en este ejemplo simple, tristate es false por defecto).
     - setState(() { _isChecked = newValue!; });: *esto es crucial.* Llama a setState() para notificar a Flutter que el estado ha cambiado. Dentro de setState(), actualizamos _isChecked con el nuevo valor (newValue). El operador ! (null assertion operator) se usa porque sabemos con certeza que newValue no será null en este caso (ya que tristate es false). Si tristate fuera true, tendrías que manejar el caso null.

Ejemplo con Etiqueta y Personalización

```
import 'package:flutter/material.dart';
void main() => runApp(const CheckboxApp());
class CheckboxApp extends StatelessWidget {.
  const CheckboxApp({super.key});
  @override.
  Widget build(BuildContext context) {.
    return MaterialApp(.
      home: scaffold(.
        appBar: appBar(title: const Text('Checkbox Demo')),.
        body: const Center(.
          child: checkboxExample(),.
        ),.
      ),.
    );
  }.
}.
class CheckboxExample extends StatefulWidget {.
  const CheckboxExample({super.key});
  @override.
  State<CheckboxExample> createState() => _CheckboxExampleState();
}.
class _CheckboxExampleState extends State<CheckboxExample> {.
  bool isChecked = false;
  @override.
  Widget build(BuildContext context) {.
    Color getColor(Set<MaterialState> states) {.
      const Set<MaterialState> interactiveStates = <MaterialState>{.
        MaterialState.pressed,.
        MaterialState.hovered,.
        MaterialState.focused,.
      };
      if (states.any(interactiveStates.contains)) {.
        return Colors.blue; // Color cuando se interactúa con el checkbox.
      }.
      return Colors.red; // Color normal.
    }.
    return Row( // Usamos un Row para alinear el checkbox y el texto.
      mainAxisAlignment: mainAxisAlignment.center, // Centra
horizontalmente.
      children: [.
        Checkbox(.
          checkColor: colors.white, // Color de la marca de verificación.
          fillColor: materialStateProperty.resolveWith(getColor), //
```

```
Color de relleno.
          value: isChecked,.
          onChanged: (bool? value) {.
            setState(() {.
              isChecked = value!;
            });
          },.
        ),.
        const Text('Acepto los términos y condiciones'), // Etiqueta.
      ],.
    );
  }.
}.
```

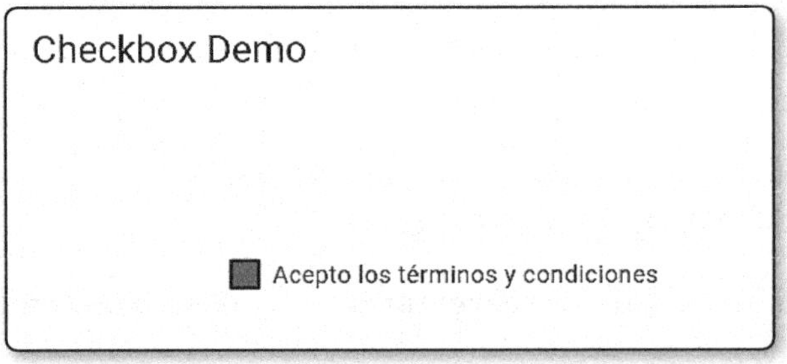

- **Row y Text:** el Checkbox y un Text se colocan dentro de un Row para que aparezcan uno al lado del otro. Esto es muy común para mostrar una etiqueta junto al checkbox.
- **mainAxisAlignment:** mainAxisAlignment.center: centra los elementos del Row horizontalmente.
- **checkColor:** colors.white: cambia el color de la marca de verificación (✓) a blanco.
- **fillColor:** materialStateProperty.resolveWith(getColor): permite definir colores *dinámicos* para el checkbox, que cambian según su estado (presionado, enfocado, etc.). La función getColor devuelve el color apropiado. Esto es mucho más flexible que usar activeColor directamente.
- const Text(...): la etiqueta se hace constante, mejorando el rendimiento.

A continuación un ejemplo con varios CheckBox.

```
import 'package:flutter/material.dart';

void main() => runApp(IncomeSourcesApp());
```

```dart
class IncomeSourcesApp extends StatelessWidget {
  const IncomeSourcesApp({super.key});

  @override
  Widget build(BuildContext context) {
    return MaterialApp(
      home: incomeSourcesPage(),
    );
  }
}

class IncomeSourcesPage extends StatefulWidget {
  const IncomeSourcesPage({super.key});

  @override
  State<IncomeSourcesPage> createState() => _IncomeSourcesPageState();
}

class _IncomeSourcesPageState extends State<IncomeSourcesPage> {
  List<String> incomeSources = [
    'Trabajo uno',
    'Trabajo dos',
    'Clinica medica privada',
    'Ventas en Amazon',
    'Ventas en Google Play',
    'Ventas en App Store',
    'Ejercicio como medico internista',
  ];

  List<bool> selectedSources = List.generate(7, (index) => false);
  String selectedSourcesText = '';

  @override
  Widget build(BuildContext context) {
    return Scaffold(
      appBar: appBar(
        title: text('Fuentes de Ingreso de Ayalita'),
      ),
      body: padding(
        padding: const EdgeInsets.all(16.0),
        child: column(
          children: <Widget>[
            Expanded(
              child: listView.builder(
```

```
                itemCount: incomeSources.length,
                itemBuilder: (context, index) {
                  return CheckboxListTile(
                    title: text(incomeSources[index]),
                    value: selectedSources[index],
                    onChanged: (bool? value) {
                      setState(() {
                        selectedSources[index] = value!;
                      });
                    },
                  );
                },
              ),
            ),
          ElevatedButton(
            onPressed: () {
              setState(() {
                selectedSourcesText = '';
                for (int i = 0; i < incomeSources.length; i++) {
                  if (selectedSources[i]) {
                    selectedSourcesText += '${incomeSources[i]}, ';
                  }
                }
                if (selectedSourcesText.isNotEmpty) {
                  selectedSourcesText = selectedSourcesText.substring(
                      0, selectedSourcesText.length - 2);
                } else {
                  selectedSourcesText =
                      'Ninguna fuente de ingreso seleccionada';
                }
              });
              showDialog(
                context: context,
                builder: (BuildContext context) {
                  return AlertDialog(
                    title: text('Fuentes de Ingreso Elegidas'),
                    content: text(selectedSourcesText),
                    actions: <Widget>[
                      TextButton(
                        child: text('Cerrar'),
                        onPressed: () {
                          Navigator.of(context).pop();
                        },
                      ),
                    ],
```

```
                        );
                    },
                );
            },
            child: text('Mostrar Fuentes de Ingreso Elegidas'),
        ),
    ],
    ),
    ),
    );
    }
}.
```

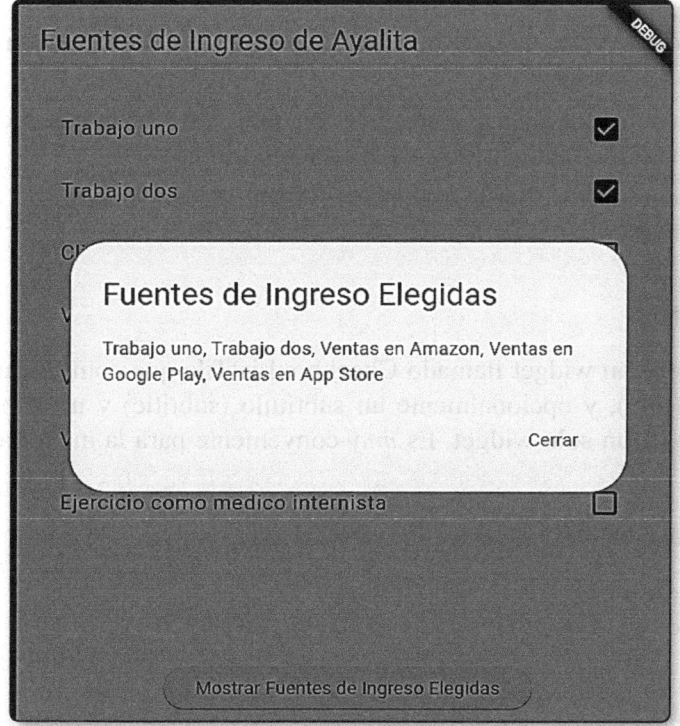

Aquí está el desglose de cómo funciona este código:

1. Listas de Origen de Ingresos y Estados Seleccionados:
   - incomeSources: contiene los diferentes orígenes de ingresos de Ayalita.
   - selectedSources: una lista booleana correspondiente que registra qué orígenes han sido seleccionados.

- selectedSourcesText: un string que almacena los orígenes seleccionados para mostrar.

2. Interfaz de usuario:

- ListView.builder crea una lista de casillas de verificación, una para cada fuente de ingresos.

- CheckboxListTile muestra la casilla de verificación junto con el nombre de la fuente de ingresos.

- Un ElevatedButton activa la generación del texto de las fuentes de ingresos seleccionadas.

- AlertDialog muestra las fuentes de ingresos seleccionadas.

3. Lógica:

- El método onChanged de cada CheckboxListTile actualiza el estado de selectedSources.

- Cuando se presiona el botón, el código recorre selectedSources y construye una cadena de las fuentes de ingresos seleccionadas.

- Se muestra un AlertDialog que contiene la lista formateada de fuentes de ingresos.

CheckboxListTile

Flutter ofrece un widget llamado CheckboxListTile que combina un Checkbox, una etiqueta (title), y opcionalmente un subtítulo (subtitle) y un icono (leading o trailing), todo en un solo widget. Es *muy* conveniente para la mayoría de los casos de uso:

```
import 'package:flutter/material.dart';

void main() {
  runApp(const MyApp());
}

class MyApp extends StatefulWidget {
  const MyApp({super.key});
  @override
  State<MyApp> createState() => _MyAppState();
}

class _MyAppState extends State<MyApp> {
  bool _isChecked = false;
  @override
```

```
Widget build(BuildContext context) {
  return MaterialApp(
    home: scaffold(
      appBar: appBar(title: const Text('CheckboxListTile')),
      body: center(
        child: checkboxListTile(
          title: const Text('Leer y aceptar o no los términos y
condiciones'),
          subtitle: const Text(
              'Lea los términos y condiciones'), // Subtítulo
(opcional)
          secondary: const Icon(Icons.info), // Icono (opcional)
          value: _isChecked,
          onChanged: (bool? newValue) {
            setState(() {
              _isChecked = newValue!;
            });
          },
          activeColor: colors.green, // Color cuando está activo
          checkColor: colors.white,
          tileColor: colors.grey[200], // Color de fondo del ListTile
          controlAffinity: listTileControlAffinity
              .leading, // Posición del Checkbox (leading: izquierda,
trailing: derecha, platform: adaptativo)
        ),
      ),
    ),
  );
}
}.
```

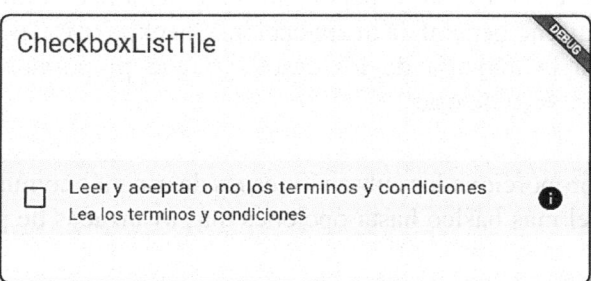

Explicación de CheckboxListTile:

▶ **title:** el texto principal (la etiqueta del checkbox).

▶ **subtitle:** texto adicional debajo del título (opcional).

- ▼ **secondary:** un widget (normalmente un Icon) que se muestra al final del ListTile (opcional).

- ▼ **value, onChanged:** funcionan igual que en el Checkbox normal.

- ▼ **activeColor, checkColor:** personalizan los colores.

- ▼ **tileColor:** color de fondo de todo el CheckboxListTile.

- ▼ **controlAffinity:** controla la posición del Checkbox dentro del ListTile.
  - ListTileControlAffinity.leading: el checkbox se muestra a la *izquierda* del texto.
  - ListTileControlAffinity.trailing: el checkbox se muestra a la *derecha* del texto.
  - ListTileControlAffinity.platform: el checkbox se muestra según la convención de la plataforma (izquierda en Android, derecha en iOS).

Consideraciones Importantes

- ▼ **Estado:** siempre debes manejar el estado del Checkbox (la variable _isChecked en los ejemplos) dentro de un StatefulWidget y actualizarlo usando setState().

- ▼ **Nulabilidad:** ¿El parámetro newValue en onChanged es de tipo bool? (booleano nulable) para permitir el estado "indeterminado" cuando tristate es true. Si tristate es false (el valor por defecto), puedes usar el operador con seguridad. Si usas tristate: true, debes manejar explícitamente el caso en que newValue sea null.

- ▼ **Accesibilidad:** considerar el uso de semanticLabel para dar una descripción de la imagen para lectores de pantalla.

- ▼ **Diseño:** elige la opción y personalización (colores, forma) que mejor se adapten al diseño general de tu aplicación. CheckboxListTile es una excelente opción para la mayoría de los casos, ya que proporciona una estructura consistente y fácil de usar.

Los ejemplos proporcionados cubren los casos de uso más comunes del Checkbox en Flutter, desde el más básico hasta opciones más avanzadas de personalización y diseño.

RadioButton

Selección exclusiva

Los RadioButtons permiten a los usuarios seleccionar una sola opción de un grupo de opciones.

Grupo de botones

Los RadioButtons se agrupan por su valor groupValue. Solo se puede seleccionar un botón a la vez dentro del mismo grupo.

Valor

Cada RadioButton tiene un valor único. Cuando se selecciona un RadioButton, su valor se asigna a la variable groupValue del grupo.

Apariencia

Los RadioButtons se representan como círculos con un punto en el centro cuando están seleccionados.

Ejemplo

```dart
import 'package:flutter/material.dart';

void main() => runApp(GenderSelectionApp());

class GenderSelectionApp extends StatelessWidget {
  const GenderSelectionApp({super.key});

  @override
  Widget build(BuildContext context) {
    return MaterialApp(
      home: genderSelectionPage(),
    );
  }
}

class GenderSelectionPage extends StatefulWidget {
  const GenderSelectionPage({super.key});

  @override
```

```
  State<GenderSelectionPage> createState() => _
GenderSelectionPageState();
}

class _GenderSelectionPageState extends State<GenderSelectionPage> {
  String? selectedGender; // Variable para almacenar el género
seleccionado

  @override
  Widget build(BuildContext context) {
    return Scaffold(
      appBar: appBar(
        title: text('Selección de género'),
      ),
      body: padding(
        padding: const EdgeInsets.all(16.0),
        child: column(
          children: <Widget>[
            RadioListTile<String>(
              title: text('Mujer'),
              value: 'mujer',
              groupValue: selectedGender,
              onChanged: (String? value) {
                setState(() {
                  selectedGender = value;
                });
              },
            ),
            RadioListTile<String>(
              title: text('Varón'),
              value: 'varon',
              groupValue: selectedGender,
              onChanged: (String? value) {
                setState(() {
                  selectedGender = value;
                });
              },
            ),
            RadioListTile<String>(
              title: text('No binario'),
              value: 'no_binario',
              groupValue: selectedGender,
              onChanged: (String? value) {
                setState(() {
                  selectedGender = value;
```

```
                });
            },
        ),
        SizedBox(height: 20),
        Text('Género seleccionado: ${selectedGender ?? 'Ninguno'}'),
      ],
    ),
  ),
);
}
}.
```

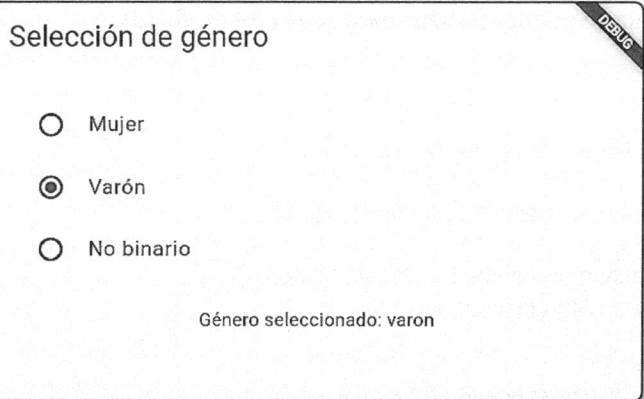

Explicación del código

1. **Variable de estado:**
   - selectedGender: almacena el valor del género seleccionado. Puede ser null si no se ha seleccionado ninguno.

2. **RadioListTile:**

   Este widget crea un RadioButton con una etiqueta de texto.
   - title: el texto que se muestra junto al RadioButton.
   - value: el valor único asociado con este RadioButton.
   - groupValue: el valor actual del grupo de RadioButtons.
   - onChanged: una función que se llama cuando se selecciona el RadioButton. Actualiza el valor de selectedGender.

3. **Visualización del resultado:**

   Un widget Text muestra el valor de selectedGender o "Ninguno" si no se ha seleccionado ninguno.

Slider

Sliders en Flutter.

▶ **Selección de rango:** las sliders permiten a los usuarios seleccionar un valor dentro de un rango contínuo o discreto.

▶ **Valores mínimo y máximo:** cada slider tiene un valor mínimo y máximo que define el rango de selección.

▶ **Valor actual:** el valor actual del slider representa la posición del pulgar a lo largo del rango.

▶ **Apariencia:** las sliders se representan como una barra horizontal con un pulgar que se puede deslizar para seleccionar un valor.

Ejemplo

```
import 'package:flutter/material.dart';

void main() => runApp(SliderApp());

class SliderApp extends StatelessWidget {
  const SliderApp({super.key});

  @override
  Widget build(BuildContext context) {
    return MaterialApp(
      home: sliderPage(),
    );
  }
}

class SliderPage extends StatefulWidget {
  const SliderPage({super.key});

  @override
  State<SliderPage> createState() => _SliderPageState();
}

class _SliderPageState extends State<SliderPage> {
  double sliderValue = 0.0; // Valor inicial del slider

  @override
  Widget build(BuildContext context) {
    return Scaffold(
      appBar: appBar(
```

```
      title: text('Ejemplo de Slider'),
    ),
    body: padding(
      padding: const EdgeInsets.all(16.0),
      child: column(
        children: <Widget>[
          Slider(
            value: sliderValue,
            min: 0,
            max: 100,
            divisions: 5, // Número de divisiones discretas (opcional)
            label: sliderValue
                .round()
                .toString(), // Etiqueta que muestra el valor
            onChanged: (double value) {
              setState(() {
                sliderValue = value;
              });
            },
          ),
          SizedBox(height: 20),
          Text('% Seleccionado: ${sliderValue.round()}'),
        ],
      ),
    ),
  );
  }
}.
```

Explicación del código:

1. **Variable de estado:**
   - sliderValue: almacena el valor actual del slider. Se inicializa en 0.0.

2. **Widget Slider:**
   - value: el valor actual del slider.
   - min: el valor mínimo del rango.
   - max: el valor máximo del rango.
   - divisions: el número de divisiones discretas en el slider (opcional).
   - label: una etiqueta que muestra el valor seleccionado (opcional).
   - onChanged: una función que se llama cuando el valor del slider cambia. Actualiza el valor de sliderValue.

3. **Visualización del resultado:**
   - Un widget Text muestra el valor actual del slider redondeado al entero más cercano.

Barra de Progreso

Las barras de progreso se utilizan para indicar el progreso de una tarea u operación que se está ejecutando en segundo plano, como cargar datos, descargar un archivo o procesar información.

Flutter proporciona dos tipos principales de barras de progreso:

1. CircularProgressIndicator: muestra el progreso como un círculo giratorio.
2. LinearProgressIndicator: muestra el progreso como una barra horizontal.

Ejemplo

```
import 'dart:async';

import 'package:flutter/material.dart';

void main() => runApp(CircularProgressApp());

class CircularProgressApp extends StatelessWidget {
  const CircularProgressApp({super.key});

  @override
  Widget build(BuildContext context) {
    return MaterialApp(
      home: circularProgressPage(),
    );
  }
}

class CircularProgressPage extends StatefulWidget {
  const CircularProgressPage({super.key});

  @override
  State<CircularProgressPage> createState() => _
CircularProgressPageState();
}

class _CircularProgressPageState extends State<CircularProgressPage> {
  double progressValue = 0.0;
  Timer? timer;

  @override
  void initState() {
    super.initState();
    startProgress();
  }

  void startProgress() {
```

```
    timer = Timer.periodic(Duration(seconds: 1), (Timer t) {
      setState(() {
        if (progressValue < 1.0) {
          progressValue += 0.05; // Incrementa el progreso en 5% cada
segundo
        } else {
          t.cancel(); // Detiene el temporizador cuando el progreso
alcanza el 100%
        }
      });
    });
  }

  @override
  void dispose() {
    timer?.cancel();
    super.dispose();
  }

  @override
  Widget build(BuildContext context) {
    return Scaffold(
      appBar: appBar(
        title: text('CircularProgress (20 segundos)'),
      ),
      body: center(
        child: circularProgressIndicator(
          value: progressValue,
          backgroundColor: colors.grey[200],
          valueColor: alwaysStoppedAnimation<Color>(Colors.blue),
        ),
      ),
    );
  }
}.
```

Ejemplo de barra de progreso lineal

```
import 'dart:async';

import 'package:flutter/material.dart';

void main() => runApp(LinearProgressApp());

class LinearProgressApp extends StatelessWidget {
  const LinearProgressApp({super.key});

  @override
  Widget build(BuildContext context) {
    return MaterialApp(
      home: linearProgressPage(),
    );
  }
}

class LinearProgressPage extends StatefulWidget {
  const LinearProgressPage({super.key});

  @override
  State<LinearProgressPage> createState() => _
LinearProgressPageState();
}

class _LinearProgressPageState extends State<LinearProgressPage> {
  double progressValue = 0.0;
  Timer? timer;

  @override
  void initState() {
    super.initState();
    startProgress();
  }

  void startProgress() {
    timer = Timer.periodic(Duration(seconds: 1), (Timer t) {
      setState(() {
        if (progressValue < 1.0) {
          progressValue += 0.05; // Incrementa el progreso en 5% cada
segundo
```

```
        } else {
            t.cancel(); // Detiene el temporizador cuando el progreso
alcanza el 100%
        }
      });
    });
  }

  @override
  void dispose() {
    timer?.cancel();
    super.dispose();
  }

  @override
  Widget build(BuildContext context) {
    return Scaffold(
      appBar: appBar(
        title: text('LinearProgress (20 segundos)'),
      ),
      body: center(
        child: linearProgressIndicator(
          value: progressValue,
          backgroundColor: colors.grey[200],
          valueColor: alwaysStoppedAnimation<Color>(Colors.green),
        ),
      ),
    );
  }
}.
```

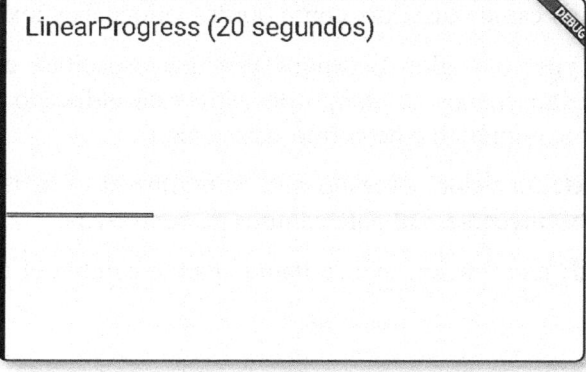

Explicación:

1. **Variable de estado:**

   progressValue: almacena el valor de progreso actual (0.0 a 1.0).

2. **initState():**

   Llama a startProgress() cuando se inicializa el estado.

3. **startProgress():**

   Crea un Timer.periodic que se ejecuta cada segundo.

   En cada ejecución, incrementa progressValue en un 5% (0.05).

   Cuando progressValue alcanza 1.0, el temporizador se cancela.

4. **dispose():**

   Cancela el temporizador cuando se destruye el widget para evitar fugas de memoria.

TextField

El widget TextField en Flutter permite a los usuarios introducir texto dentro de la aplicación. Es esencial para crear formularios, campos de búsqueda, entradas de comentarios y cualquier otra interfaz donde se necesite la entrada de texto del usuario.

Atributos principales.

El widget TextField tiene muchos atributos para personalizar su apariencia y comportamiento. Aquí hay algunos de los más importantes:

- **controller:** un objeto TextEditingController que se utiliza para obtener o establecer el texto en el campo de texto.
- **decoration:** un objeto InputDecoration que se utiliza para personalizar la apariencia del campo de texto, como bordes, etiquetas y texto de ayuda.
- **keyboardType:** un valor TextInputType que especifica el tipo de teclado que se muestra cuando el campo de texto está enfocado, como el teclado alfanumérico, numérico o de correo electrónico.
- **obscureText:** un valor booleano que determina si el texto en el campo de texto debe oscurecerse, útil para campos de contraseña.
- **onChanged:** una función que se llama cuando cambia el texto en el campo de texto.

▶ **onSubmitted:** una función que se llama cuando el usuario envía el texto en el campo de texto, como al presionar la tecla "Enter" en el teclado.

Ejemplo

```
import 'package:flutter/material.dart';

void main() {
  runApp(MyApp());
}

class MyApp extends StatelessWidget {
  const MyApp({super.key});

  @override
  Widget build(BuildContext context) {
    return MaterialApp(
      home: scaffold(
        appBar: appBar(
          title: text('Ejemplo de TextField'),
        ),
        body: padding(
          padding: const EdgeInsets.all(16.0),
          child: textField(),
        ),
      ),
    );
  }
}.
```

Ejemplo

```dart
import 'package:flutter/material.dart';

void main() {
  runApp(MyApp());
}

class MyApp extends StatelessWidget {
  @override
  Widget build(BuildContext context) {
    return MaterialApp(
      home: scaffold(
        appBar: appBar(
          title: text('Ejemplo de TextField con decoración'),
        ),
        body: padding(
          padding: const EdgeInsets.all(16.0),
          child: textField(
            decoration: inputDecoration(
              labelText: 'Nombre de usuario',
              hintText: 'Introduce tu nombre de usuario',
              border: outlineInputBorder(),
            ),
          ),
        ),
      ),
    );
  }
}.
```

Ejemplo de TextField con decoración

Nombre de usuario

Ayalita

Ejemplo

```dart
import 'package:flutter/material.dart';

void main() {
```

```dart
  runApp(MyApp());
}
class MyApp extends StatefulWidget {
  const MyApp({super.key});

  @override
  State<MyApp> createState() => _MyAppState();
}

class _MyAppState extends State<MyApp> {
  final TextEditingController _controller = TextEditingController();
  String _textoMostrado = ''; // Variable para almacenar el texto a
mostrar

  @override
  Widget build(BuildContext context) {
    return MaterialApp(
      home: scaffold(
        appBar: appBar(
          title: text('Ejemplo de TextField con controlador'),
        ),
        body: padding(
          padding: const EdgeInsets.all(16.0),
          child: column(
            children: [
              TextField(
                controller: _controller,
                decoration: inputDecoration(
                  labelText: 'Texto',
                  border: outlineInputBorder(),
                ),
              ),
              SizedBox(height: 16),
              ElevatedButton(
                onPressed: () {
                  setState(() {
                    _textoMostrado =
                        _controller.text; // Actualizar el texto a mostrar
                  });
                },
                child: text('Mostrar texto'),
              ),
              SizedBox(height: 16),
              Text(_textoMostrado), // Mostrar el texto aquí
            ],
```

```
        ),
      ),
    ),
  );
  }
}.
```

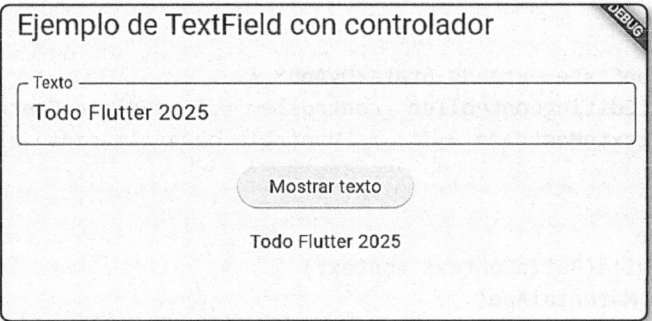

TextField con caracteres encriptados

```
import 'package:flutter/material.dart';

void main() {
  runApp(MyApp());
}

class MyApp extends StatefulWidget {
  const MyApp({super.key});

  @override
  State<MyApp> createState() => _MyAppState();
}

class _MyAppState extends State<MyApp> {
  final TextEditingController _controller = TextEditingController();
  bool _obscureText = true;

  @override
  Widget build(BuildContext context) {
    return MaterialApp(
      home: scaffold(
        appBar: appBar(
          title: text('TextField Encriptado'),
        ),
```

```
    body: padding(
      padding: const EdgeInsets.all(16.0),
      child: textField(
        controller: _controller,
        obscureText: _obscureText,
        decoration: inputDecoration(
          labelText: 'Contraseña',
          border: outlineInputBorder(),
          suffixIcon: iconButton(
            icon: icon(
              _obscureText ? Icons.visibility_off : icons.visibility,
            ),
            onPressed: () {
              setState(() {
                _obscureText = !_obscureText;
              });
            },
          ),
        ),
      ),
    ),
  );
  }
}.
```

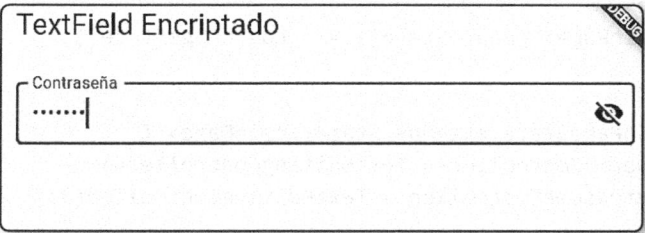

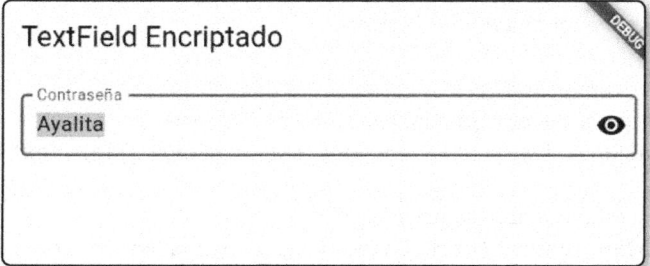

Ejemplo de TextFields para ingresar con usuario y contraseña

```dart
import 'dart:convert';

import 'package:crypto/crypto.dart';
import 'package:flutter/material.dart';

void main() {
  runApp(MyApp());
}

class MyApp extends StatelessWidget {
  const MyApp({super.key});

  @override
  Widget build(BuildContext context) {
    return MaterialApp(
      title: 'Login App',
      home: loginPage(),
    );
  }
}

class LoginPage extends StatefulWidget {
  const LoginPage({super.key});

  @override
  State<LoginPage> createState() => _LoginPageState();
}

class _LoginPageState extends State<LoginPage> {
  final _usuarioController = TextEditingController();
  final _contrasenaController = TextEditingController();

  bool _obscureUsuario = true;
  bool _obscureContrasena = true;

  void _iniciarSesion() {
    String usuarioEncriptado =
        sha256.convert(utf8.encode(_usuarioController.text)).
toString();
    String contrasenaEncriptada =
        sha256.convert(utf8.encode(_contrasenaController.text)).
toString();
```

```dart
      if (usuarioEncriptado ==
            sha256.convert(utf8.encode('Ayalita')).toString() &&
          contrasenaEncriptada ==
            sha256.convert(utf8.encode('1962')).toString()) {
        Navigator.push(
          context,
          MaterialPageRoute(builder: (context) => BienvenidaPage()),
        );
      } else {
        showDialog(
          context: context,
          builder: (context) => AlertDialog(
            title: text('Error'),
            content: text('Datos de ingreso incorrectos, intenta de nuevo.'),
            actions: <Widget>[
              TextButton(
                child: text('OK'),
                onPressed: () {
                  Navigator.of(context).pop();
                },
              ),
            ],
          ),
        );
      }
  }

  @override
  Widget build(BuildContext context) {
    return Scaffold(
      appBar: appBar(
        title: text('Iniciar Sesión'),
      ),
      body: padding(
        padding: const EdgeInsets.all(16.0),
        child: column(
          mainAxisAlignment: mainAxisAlignment.center,
          children: <Widget>[
            TextField(
              controller: _usuarioController,
              obscureText: _obscureUsuario,
              decoration: inputDecoration(
                labelText: 'Usuario',
                suffixIcon: iconButton(
                  icon: icon(
```

```
              _obscureUsuario ? Icons.visibility : icons.visibility_off,
            ),
            onPressed: () {
              setState(() {
                _obscureUsuario = !_obscureUsuario;
              });
            },
          ),
        ),
      ),
      TextField(
        controller: _contrasenaController,
        obscureText: _obscureContrasena,
        decoration: inputDecoration(
          labelText: 'Contraseña',
          suffixIcon: iconButton(
            icon: icon(
              _obscureContrasena
                  ? Icons.visibility
                  : icons.visibility_off,
            ),
            onPressed: () {
              setState(() {
                _obscureContrasena = !_obscureContrasena;
              });
            },
          ),
        ),
      ),
      SizedBox(height: 20),
      ElevatedButton(
        onPressed: _iniciarSesion,
        child: text('Iniciar Sesión'),
      ),
    ],
  ),
    ),
   ),
  );
 }
}

class BienvenidaPage extends StatelessWidget {
  const BienvenidaPage({super.key});

  @override
```

```
Widget build(BuildContext context) {
  return Scaffold(
    appBar: appBar(
      title: text('Bienvenido'),
    ),
    body: center(
      child: text(
        '¡Bienvenido a Flutter!',
        style: textStyle(fontSize: 24),
      ),
    ),
  );
}
}.
```

En la siguiente secuencia de imágenes se muestra el comportamiento de una app según si se ingresan los datos correctos o no.

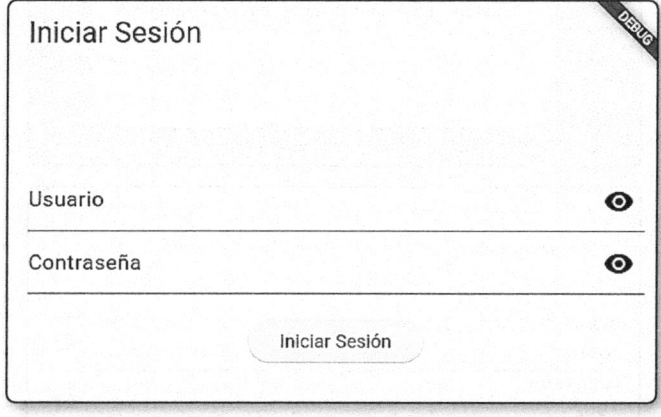

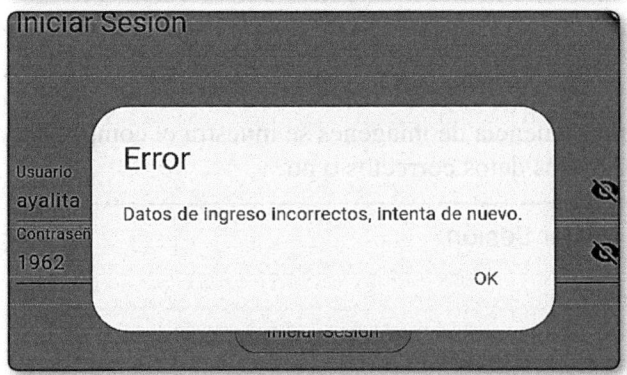

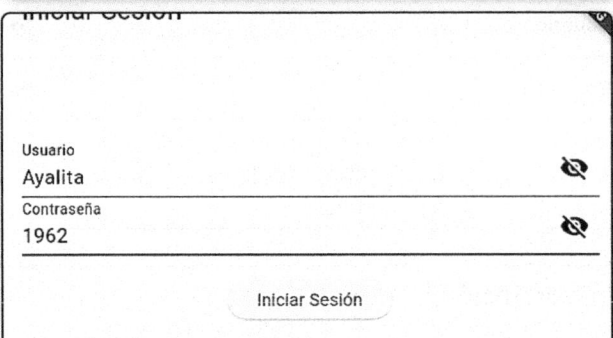

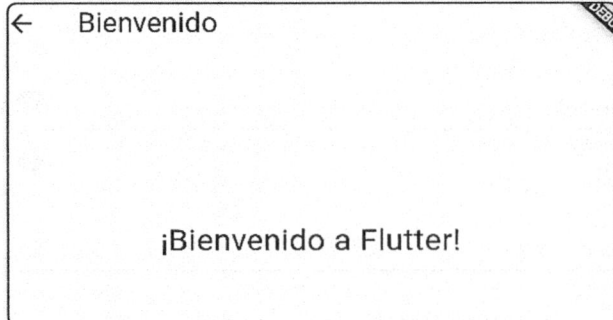

Explicación del código:

1. **LoginPage:**
   - Este widget representa la pantalla de inicio de sesión.
   - Contiene dos campos de texto (TextField) para el usuario y la contraseña.
   - Un botón "Iniciar Sesión" que llama a la función _iniciarSesion.
   - La función _iniciarSesion verifica las credenciales y navega a la pantalla BienvenidaPage si son correctas, o muestra un AlertDialog de error si son incorrectas.

2. **BienvenidaPage:**
   - Este widget representa la pantalla de bienvenida.
   - Muestra el mensaje "¡Bienvenido a Flutter!" con un estilo de texto grande.

Se agregó código para encriptar y un icono para ver, ocultar o mostrar la contraseña y/o usuario.

Debes instalar el paquete Crypto en pubspecyaml y además importarlo en main. dart.

```
dependencies:
  flutter:
    sdk: flutter.
  crypto: ^3.0.1.
```

Se encriptan el usuario y la contraseña utilizando sha256 antes de compararlos con los valores almacenados.

1. Funcionalidad "ojo" para mostrar/ocultar:

   Se agregaron las variables _obscureUsuario y _obscureContraseña para controlar la visibilidad del texto.

   Se agregó un IconButton como suffixIcon en cada TextField para cambiar el estado de visibilidad.

   Se actualizó la propiedad obscureText de los TextFields para usar las variables de estado.

InkWell

Widget en Flutter que responde a las interacciones táctiles. Permite agregar efectos visuales a otros widgets cuando el usuario los toca, como una onda de tinta que se expande desde el punto de contacto. Esto es muy útil para crear botones personalizados o elementos interactivos en tu aplicación.

Características principales

▸ **Retroalimentación visual:** proporciona retroalimentación visual al usuario cuando interactúa con un widget, lo que mejora la experiencia del usuario.

▸ **Personalización:** permite personalizar la forma, el color y la velocidad de la onda de tinta.

▸ **Manejo de gestos:** detecta gestos como tocar, presionar prolongadamente y cancelar la presión.

¿Cuándo usar InkWell?

▸ Cuando desees que un widget no interactivo, como una imagen o un texto, sea interactivo.

▸ Para crear botones personalizados con efectos visuales.

▸ Para agregar retroalimentación visual a las interacciones del usuario.

Ejemplo

```
import 'package:flutter/material.dart';

void main() {
  runApp(MyApp());
}

class MyApp extends StatefulWidget {
  const MyApp({super.key});

  @override
  State<MyApp> createState() => _MyAppState();
}

class _MyAppState extends State<MyApp> {
  Color _backgroundColor = Colors.blue; // Color de fondo inicial

  @override
  Widget build(BuildContext context) {
    return MaterialApp(
      home: scaffold(
        appBar: appBar(
          title: text('Ejemplo de InkWell'),
        ),
        backgroundColor: _backgroundColor, // Usamos el color de fondo
dinámico
```

```
    body: center(
      child: inkWell(
        onTap: () {
          setState(() {
            // Cambiamos el color de fondo al tocar el botón
            _backgroundColor = _backgroundColor == Colors.blue
                ? Colors.green
                : colors.blue;
          });
        },
        child: container(
          width: 200,
          height: 100,
          color: colors.white,
          child: center(
            child: text(
              'Tócame',
              style: textStyle(color: colors.black),
            ),
          ),
        ),
      ),
    ),
  );
  }
}.
```

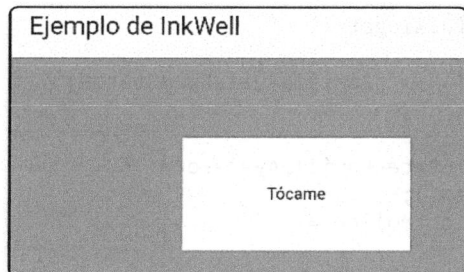
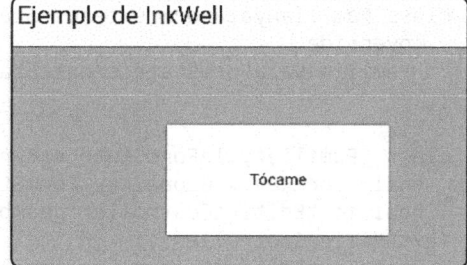

Form

Formularios en Flutter

En Flutter, los formularios se utilizan para recopilar datos del usuario a través de campos de entrada. Flutter proporciona el widget Form y otros widgets relacionados para facilitar la creación y gestión de formularios.

Componentes clave.

▸ **Form:** un contenedor que agrupa campos de formulario y maneja su estado.

▸ **TextFormField:** un campo de entrada de texto con validación incorporada.

▸ **FormBuilder:** paquete para la creación de formularios complejos.

▸ **GlobalKey<FormState>:** una clave global que se utiliza para acceder al estado del formulario y validar los campos.

Ejemplo

```dart
import 'package:flutter/material.dart';

void main() {.
  runApp(MyApp());
}.

class MyApp extends StatelessWidget {.
  @override.
  Widget build(BuildContext context) {.
    return MaterialApp(.
      title: 'Familia Ayala Formulario',.
      theme: themeData(.
        primarySwatch: colors.blue,.
      ),.
      home: familiaAyalaForm(),.
    );
  }.
}.

class FamiliaAyalaForm extends StatefulWidget {.
  @override.
  _FamiliaAyalaFormState createState() => _FamiliaAyalaFormState();
}.

class _FamiliaAyalaFormState extends State<FamiliaAyalaForm> {.
  final _formKey = GlobalKey<FormState>();
  final TextEditingController _nombreController =
TextEditingController();
  final TextEditingController _apellidoController =
TextEditingController();
  final TextEditingController _edadController = TextEditingController();
  String _textoResultado = '';

  void _limpiarFormulario() {.
    _nombreController.clear();
    _apellidoController.clear();
    _edadController.clear();
    _formKey.currentState?.reset();
  }.
```

```
@override.
Widget build(BuildContext context) {.
  return Scaffold(.
    appBar: appBar(.
      title: text('Familia Ayala'),.
    ),.
    body: padding(.
      padding: const EdgeInsets.all(16.0),.
      child: form(.
        key: _formKey,.
        child: column(.
          crossAxisAlignment: crossAxisAlignment.stretch,.
          children: <Widget>[.
            TextFormField(.
              controller: _nombreController,.
              decoration: inputDecoration(labelText: 'Nombre'),.
              validator: (value) {.
                if (value == null || value.isEmpty) {.
                  return 'Por favor, ingresa tu nombre';
                }.
                return null;
              },.
            ),.
            TextFormField(.
              controller: _apellidoController,.
              decoration: inputDecoration(labelText: 'Apellido'),.
              validator: (value) {.
                if (value == null || value.isEmpty) {.
                  return 'Por favor, ingresa tu apellido';
                }.
                return null;
              },.
            ),.
            TextFormField(.
              controller: _edadController,.
              decoration: inputDecoration(labelText: 'Edad'),.
              keyboardType: textInputType.number,.
              validator: (value) {.
                if (value == null || value.isEmpty) {.
                  return 'Por favor, ingresa tu edad';
                }.
                final edad = int.tryParse(value);
                if (edad == null || edad <= 0) {.
                  return 'Por favor, ingresa una edad válida';
                }.
                return null;
              },.
            ),.
            SizedBox(height: 20),.
```

```
        Row(.
          mainAxisAlignment: mainAxisAlignment.spaceEvenly,.
          children: [.
            ElevatedButton(.
              onPressed: () {.
                if (_formKey.currentState!.validate()) {.
                  setState(() {.
                    if (_textoResultado.isNotEmpty) {.
                      _textoResultado += '\n';
                    }.
                    _textoResultado +=.
                        'Nombre: ${_nombreController.text},
Apellido: ${_apellidoController.text}, Edad: ${_edadController.text}';
                    _limpiarFormulario();
                  });
                  ScaffoldMessenger.of(context).showSnackBar(.
                    SnackBar(content: text('Datos enviados')),.
                  );
                }.
              },.
              child: text('Enviar'),.
            ),.
            ElevatedButton(.
              onPressed: _limpiarFormulario,.
              child: text('Agregar'),.
            ),.
          ],.
        ),.
        SizedBox(height: 20),.
        Text(.
          _textoResultado,.
          style: textStyle(fontSize: 16),.
        ),.
      ],.
    ),.
  ),.
 ),.
);
}.
@override.
void dispose() {.
  _nombreController.dispose();
  _apellidoController.dispose();
  _edadController.dispose();
  super.dispose();
}.
}.
```

Resumen

Los formularios son de uso frecuente en apps por lo que saber hacerlos y configurar su funcionalidad con el codigo y widgets correspondiente permitirá el desarrollo de apps de este tipo.

Revisa los widgets correspondientes que se han mencionado en este capítulo para que manejes con propiedad este tema.

Preguntas

1. ¿Qué es un formulario?

2. ¿Qué widgets son útiles para desarrollar formularios?

Ejercicios

1. Haga un formulario con usuario y contraseña que habra una pantalla de Bienvenida a Flutter.

12

ESTILO: MATERIAL DESIGN Y CUPERTINO EN FLUTTER

Objetivos

▶ Comprender las diferencias fundamentales entre Material Design y Cupertino.

▶ Aprender a implementar estilos de Material Design y Cupertino en aplicaciones Flutter.

▶ Saber cómo adaptar la interfaz de usuario de una aplicación a la plataforma del usuario.

▶ Explorar las herramientas y los widgets de Flutter para la personalización de estilos.

Introducción

Flutter no solo te permite escribir código una vez para múltiples plataformas, sino que también te brinda la flexibilidad de adaptar la apariencia de tu aplicación al estilo nativo de cada plataforma. Material Design y Cupertino son los dos principales sistemas de diseño que Flutter admite, permitiéndote crear aplicaciones que se sientan como en casa en Android e iOS, respectivamente.

1. Material Design: la Belleza de Android.

   Material Design, creado por Google, es un sistema de diseño que enfatiza la profundidad, el movimiento y la consistencia visual. En Flutter, puedes implementar Material Design utilizando widgets como MaterialApp, Scaffold, AppBar, FloatingActionButton, y muchos más.

- Exploración de la clase ThemeData para personalizar colores, tipografía y otros aspectos visuales.

- Uso de widgets como Card, ListTile y Divider para crear interfaces ricas y funcionales.

- Implementación de animaciones y transiciones suaves con AnimatedContainer y Hero.

2. Cupertino: la Elegancia de iOS.

   Cupertino es el sistema de diseño de Apple para iOS, caracterizado por su claridad, simplicidad y atención al detalle. Flutter proporciona una amplia gama de widgets de estilo Cupertino, como CupertinoNavigationBar, CupertinoButton y CupertinoSlider.

   - Uso de CupertinoApp para aplicar el estilo Cupertino a toda la aplicación.

   - Adaptación de widgets comunes como TextField y AlertDialog al estilo Cupertino.

   - ImplementacióndecontrolesdeestiloiOScomoCupertinoSegmentedControl y CupertinoDatePicker.

3. Adaptación a la Plataforma.

   Flutter te permite detectar la plataforma en la que se ejecuta tu aplicación y adaptar la interfaz de usuario en consecuencia. Esto asegura que tu aplicación se sienta nativa en cada plataforma.

   - Uso de Platform.isAndroid y Platform.isIOS para la detección de la plataforma.

   - Implementación de lógica condicional para mostrar widgets de Material Design en Android y widgets de Cupertino en iOS.

   - widgets Adaptive.

   - Librerías de estilos adaptivos.

4. Personalización de Estilos.

   Flutter te brinda un control total sobre la apariencia de tu aplicación, permitiéndote personalizar cada aspecto del estilo.

   - Creación de temas personalizados que se adaptan a la identidad de tu marca.

   - Uso de TextStyle y BoxDecoration para aplicar estilos detallados a textos y contenedores.

   - Implementación de estilos dinámicos que cambian en respuesta a las preferencias del usuario o al estado de la aplicación.

Resumen

Este capítulo te ha proporcionado una visión general de Material Design y Cupertino en Flutter, dos sistemas de diseño que te permiten crear aplicaciones multiplataforma con una apariencia nativa en Android e iOS. Al comprender las diferencias entre estos sistemas y aprender a implementarlos en tus aplicaciones, puedes ofrecer una experiencia de usuario excepcional en cualquier plataforma.

Preguntas

1. ¿Cuáles son las principales diferencias entre Material Design y Cupertino?

2. ¿Cómo puedes detectar la plataforma en la que se ejecuta tu aplicación Flutter?

3. ¿Qué widgets puedes usar para implementar el estilo Material Design en tu aplicación?

4. ¿Qué widgets puedes usar para implementar el estilo Cupertino en tu aplicación?

5. ¿Cómo puedes personalizar los estilos de tu aplicación Flutter?

Ejercicios

1. Crea una aplicación Flutter que muestre un botón con estilo Material Design en Android y un botón con estilo Cupertino en iOS.

2. Personaliza el tema de tu aplicación para que coincida con la identidad de tu marca.

3. Implementa un AlertDialog que se adapte al estilo de la plataforma del usuario.

4. Crea una pantalla de configuración que permita al usuario elegir entre un tema claro y un tema oscuro.

5. Investiga sobre las librerías que extienden los widgets adaptativos, y crea un proyecto que utilice uno de estos paquetes.

13

INTERACCIÓN Y NAVEGACIÓN

Objetivo

Navegar entre pantallas(rutas).

Introducción

Lo grandioso de las apps es la interactividad, es lo que sucede cuando al tocar un botón sucede un evento.

La navegación entre rutas es cuando al presionar un widget que puede ser un botón o un icono se pasa a otra pantalla.

En este capítulo se aborda cómo crear botones que generen interacción y navegar entre rutas.

Navegación entre rutas

Es cuando se pasa de una pantalla a otra.

La navegación en Flutter se gestiona como una pila (stack) de "rutas", en Flutter a las pantallas se les llama rutas.

- ▶ Navigator.push():
  Empuja o manda a una nueva pantalla(ruta).

- ▶ Navigator.pop():
  Regresa la pantalla anterior a la actual o desde la cual se llegó de acuerdo al código.

A continuación un ejemplo de navegación entre rutas usando Navigator.push() y Navigator.pop().

Ejemplo: de navegación entre dos rutas

```
import 'package:flutter/material.dart';

void main() {
  runApp(const MaterialApp(home: primeraPantalla()));
}

class PrimeraPantalla extends StatelessWidget {
  const PrimeraPantalla({super.key});

  @override
  Widget build(BuildContext context) {
    return Scaffold(
      appBar: appBar(title: const Text('Pantalla primera')),
      body: center(
        child: elevatedButton(
          child: const Text('A Pantalla segunda'),

          onPressed: () {
            Navigator.push(
              context,
              MaterialPageRoute(builder: (context) => const
SegundaPantalla()),
            );
          },
        ),
      ),
    );
  }
}

class SegundaPantalla extends StatelessWidget {
  const SegundaPantalla({super.key});

  @override
  Widget build(BuildContext context) {
    return Scaffold(
      appBar: appBar(title: const Text('Pantalla segunda')),
      body: center(
        child: elevatedButton(
          child: const Text('Regresar'),
          onPressed: () {
            Navigator.pop(context);
          },
        ),
      ),
    );
  }
}.
```

En este código el Navigator.push() manda desde la primera a la segunda pantalla y Navigator.pop() lo regresa a la primera pantalla.

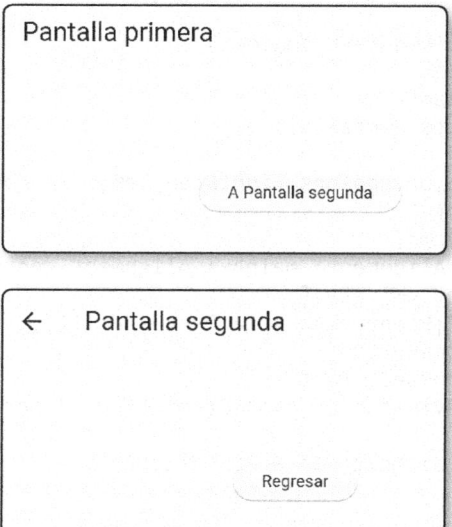

Ejemplo: de navegación entre tres rutas(pantallas)

Observa detenidamente los cambios en el código.

```
import 'package:flutter/material.dart';

void main() {
  runApp(MyApp());
}

class MyApp extends StatelessWidget {
  const MyApp({super.key});

  @override
  Widget build(BuildContext context) {
    return MaterialApp(
      title: 'Navegación en Flutter',
      initialRoute: '/',
      routes: {
        '/': (context) => Pantalla1(),
        '/pantalla2': (context) => Pantalla2(),
        '/pantalla3': (context) => Pantalla3(),
      },
    );
  }
}
```

```
class Pantalla1 extends StatelessWidget {
  const Pantalla1({super.key});

  @override
  Widget build(BuildContext context) {
    return Scaffold(
      appBar: appBar(
        title: text('Pantalla 1'),
      ),
      backgroundColor: colors.lightBlue[100], // Fondo azul claro
      body: center(
        child: column(
          mainAxisAlignment: mainAxisAlignment.center,
          children: <Widget>[
            Text('¡Bienvenido a la Pantalla 1!'),
            ElevatedButton(
              onPressed: () {
                Navigator.pushNamed(context, '/pantalla2');
              },
              child: text('Ir a Pantalla 2'),
            ),
          ],
        ),
      ),
    );
  }
}

class Pantalla2 extends StatelessWidget {
  const Pantalla2({super.key});

  @override
  Widget build(BuildContext context) {
    return Scaffold(
      appBar: appBar(
        title: text('Pantalla 2'),
      ),
      backgroundColor: colors.lightGreen[100], // Fondo verde claro
      body: center(
        child: column(
          mainAxisAlignment: mainAxisAlignment.center,
          children: <Widget>[
            Text('Estás en la Pantalla 2.'),
            ElevatedButton(
              onPressed: () {
                Navigator.pushNamed(context, '/pantalla3');
              },
              child: text('Ir a Pantalla 3'),
            ),
            ElevatedButton(
              onPressed: () {
```

```
                    Navigator.pop(context);
                },
                child: text('Volver a Pantalla 1'),
              ),
            ],
          ),
        ),
      ),
    );
  }
}

class Pantalla3 extends StatelessWidget {
  const Pantalla3({super.key});

  @override
  Widget build(BuildContext context) {
    return Scaffold(
      appBar: appBar(
        title: text('Pantalla 3'),
      ),
      backgroundColor: colors.amber[100], // Fondo ámbar claro
      body: center(
        child: column(
          mainAxisAlignment: mainAxisAlignment.center,
          children: <Widget>[
            Text('¡Has llegado a la Pantalla 3!'),
            ElevatedButton(
              onPressed: () {
                Navigator.pop(context);
              },
              child: text('Volver a Pantalla 2'),
            ),
          ],
        ),
      ),
    );
  }
}.
```

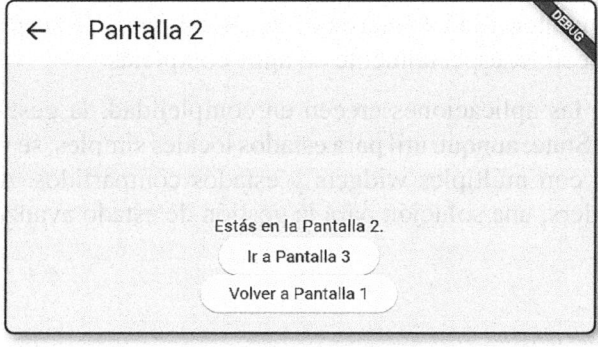

14

GESTIÓN CON PROVIDERS

Objetivos

- ☛ Comprender la necesidad de una gestión de estado avanzada.
- ☛ Implementar Providers para compartir y actualizar el estado.
- ☛ Utilizar ChangeNotifier y otros Providers.

Introducción

La gestión de estado en Flutter es el proceso de manejar los datos de la aplicación que pueden cambiar con el tiempo y que afectan a la interfaz de usuario (UI).

Cuando el "estado" (cualquier dato, como un contador o el login de un usuario) cambia, el framework debe reconstruir los widgets que dependen de él para reflejar la nueva información.

Se utilizan patrones y herramientas (como Provider, BLoC, Riverpod o setState) para comunicar estos cambios de manera eficiente.

El objetivo es mantener la UI sincronizada con los datos de la aplicación de forma organizada y predecible, especialmente en apps complejas.

A medida que las aplicaciones crecen en complejidad, la gestión del estado se vuelve crucial. setState, aunque útil para estados locales simples, se vuelve ineficiente para aplicaciones con múltiples widgets y estados compartidos. Aquí es donde se utilizan los Providers, una solución para la gestión de estado avanzada.

Limitaciones de setState y la necesidad de soluciones avanzadas:

▶ setState solo reconstruye el widget que lo llama, no sus descendientes.

▶ Compartir estado entre widgets no relacionados es difícil.

▶ El código se vuelve difícil de mantener con estados complejos.

Introducción a la arquitectura Provider:

▶ Provider es un paquete que simplifica la gestión de estado en Flutter.

▶ Se basa en la idea de "proveer" el estado a los widgets que lo necesitan.

▶ Permite una separación clara entre la lógica de estado y la interfaz de usuario.

Implementación de ChangeNotifierProvider, Consumer y otros:

1. ChangeNotifierProvider:
   - Envuelve un ChangeNotifier, que es una clase que notifica a los listeners cuando el estado cambia.
   - Permite que los widgets accedan al ChangeNotifier y escuchen sus cambios.

2. Consumer:
   - Reconstruye solo la parte del widget que depende del estado proporcionado.
   - Optimiza el rendimiento al evitar reconstrucciones innecesarias.

3. Otros Providers:
   - Provider: para estados simples que no necesitan notificar cambios.
   - StreamProvider: para estados basados en Streams.
   - FutureProvider: para estados basados en Futures.

Ejemplo de código usando Providers

```
import 'package:flutter/material.dart';
import 'package:provider/provider.dart';

class Contador extends ChangeNotifier {
  int _conteo = 0;

  int get conteo => _conteo;

  void incrementar() {
    _conteo++;
    notifyListeners();
  }
```

```
  void decrementar() {
    _conteo--;
    notifyListeners();
  }
}

class PaginaContador extends StatelessWidget {
  const PaginaContador({super.key});

  @override
  Widget build(BuildContext context) {
    return Scaffold(
      appBar: appBar(title: text('Contador con Provider')),
      body: center(
        child: column(
          mainAxisAlignment: mainAxisAlignment.center,
          children: <Widget>[
            Consumer<Contador>(
              builder: (context, contador, child) => Text(
                'Conteo: ${contador.conteo}',
                style: textStyle(fontSize: 24),
              ),
            ),
            Row(
              mainAxisAlignment: mainAxisAlignment.center,
              children: <Widget>[
                FloatingActionButton(
                  onPressed: () {
                    context.read<Contador>().decrementar();
                  },
                  heroTag: "btn1",
                  child: icon(Icons.remove),
                ),
                SizedBox(width: 16),
                FloatingActionButton(
                  onPressed: () {
                    context.read<Contador>().incrementar();
                  },
                  heroTag: "btn2",
                  child: icon(Icons.add),
                ),
              ],
            ),
          ],
        ),
```

```
        ),
      );
    }
  }

  void main() {
    runApp(MyApp());
  }

  class MyApp extends StatelessWidget {
    const MyApp({super.key});

    @override
    Widget build(BuildContext context) {
      return ChangeNotifierProvider(
        create: (context) => Contador(),
        child: materialApp(
          title: 'Contador con Provider',
          home: paginaContador(),
        ),
      );
    }
  }.
```

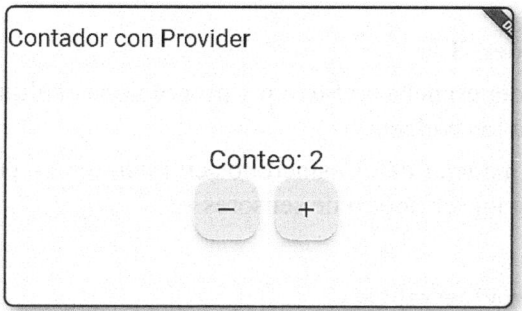

Providers facilita la gestión de estado en aplicaciones Flutter complejas, mejorando el rendimiento y la mantenibilidad del código. Al utilizar ChangeNotifierProvider y Consumer, podemos compartir y actualizar el estado de manera eficiente.

Tipos de Providers y sus Usos

Provider se ha convertido en una pieza fundamental en la gestión del estado en Flutter, ofreciendo una variedad de herramientas para diferentes escenarios. Aquí te presento los tipos más comunes y cómo aplicarlos:

1. **Provider<T>:**

   - Este es el Provider más básico. Se utiliza para proveer un valor que no necesita cambiar o notificar a los widgets sobre cambios.

   - Ideal para constantes, configuraciones, o instancias que no varían durante la vida de la aplicación.

   - Ejemplo:

   ```
   Provider<String>(.
     create: (_) => "Configuración de la aplicación",.
     child: miWidget(),.
   );
   ```

2. **ChangeNotifierProvider<T>:**

   - Este Provider se asocia con un ChangeNotifier, que es una clase que notifica a los listeners cuando su estado cambia.

   - Es muy útil para estados que requieren actualizaciones y notificaciones a múltiples widgets.

   - Ejemplo:

   ```
   ChangeNotifierProvider<Contador>(.
     create: (_) => Contador(),.
     child: paginaContador(),.
   );
   ```

3. **StreamProvider<T>:**

   - Este Provider escucha un Stream y proporciona el último valor emitido por el Stream a los widgets.

   - Ideal para manejar datos asíncronos en tiempo real, como actualizaciones de datos de un servidor o de sensores.

   - Ejemplo:

   ```
   StreamProvider<int>(.
     create: (_) => MiStream(),.
     initialData: 0,.
     child: miWidgetQueUsaStream(),.
   );
   ```

4. **FutureProvider<T>:**

   - Este Provider escucha un Future y proporciona el resultado del Future a los widgets.

   - Utilizado para manejar datos asíncronos que se cargan una sola vez, como datos de una API.

   - Ejemplo:

```
FutureProvider<Datos>(.
  create: (_) => fetchData(),.
  initialData: datos.initial(),.
  child: widgetMostrandoDatos(),.
);
```

5. **MultiProvider:**

   • Este Widget permite combinar múltiples Providers en un solo lugar.

   • Simplifica la gestión de múltiples estados y dependencias en aplicaciones complejas.

   • Ejemplo:

```
MultiProvider(.
  providers: [.
    ChangeNotifierProvider(create: (_) => contador()),.
    StreamProvider(create: (_) => MyStream(), initialData: 0).
  ],.
  child: miApp(),.
);
```

6. **Consumer<T>:**

   • Este Widget se usa para reconstruir solo la parte del Widget que depende del valor proporcionado por un Provider.

   • Optimiza el rendimiento al evitar reconstrucciones innecesarias de todo el Widget.

   • Ejemplo:

```
Consumer<Contador>(.
  builder: (context, contador, child) => Text('Conteo:
${contador.conteo}'),.
);
```

Cada uno de estos Providers tiene un propósito diferente, algunos se crearon para manejar valores estáticos, otros valores dinámicos, valores provenientes de llamadas asíncronas, o streams.

En aplicaciones de gran tamaño es muy común tener combinaciones entre estos Providers, para generar soluciones de gestión de estados robustas y bien diseñadas.

La librería "Provider" es parte de un ecosistema que busca proveer las herramientas necesarias para manejar los diferentes estados de la aplicación de manera adecuada.

Más ejemplos:

Ejemplo 1, Provider<T>

```
import 'package:flutter/material.dart';
import 'package:provider/provider.dart';

class MiWidget extends StatelessWidget {
  const MiWidget({super.key});

  @override
  Widget build(BuildContext context) {
    final configuracion = Provider.of<String>(context);
    return Text(configuracion);
  }
}

class EjemploProvider extends StatelessWidget {
  const EjemploProvider({super.key});

  @override
  Widget build(BuildContext context) {
    return Provider<String>(
      create: (_) => "Configuración de la aplicación",
      child: materialApp(
        home: scaffold(
          appBar: appBar(title: text('Ejemplo Provider')),
          body: center(child: miWidget()),
        ),
      ),
    );
  }
}

void main() {
  runApp(EjemploProvider());
}.
```

Ejemplo Provider   DEBUG

Configuración de la aplicación

- Texto "Configuración de la aplicación":
  - El núcleo de la aplicación es un widget de Text.
  - Este widget muestra el valor de cadena "Configuración de la aplicación".
  - Este valor de cadena es proporcionado por el widget Provider<String>.
- Cómo funciona:
  - El widget Provider<String> actúa como un contenedor para el valor de la cadena.
  - El widget MiWidget utiliza Provider.of<String>(context) para acceder a esta cadena compartida.
  - Esencialmente, este es un ejemplo muy básico de compartir datos a través de su árbol de widgets. En aplicaciones más grandes, esta práctica es extremadamente útil.
- Diseño visual:
  - La aplicación utiliza un MaterialApp como widget raíz, proporcionando una estructura visual básica de Material Design.
  - Un widget Scaffold crea una pantalla de aplicación básica con un AppBar y un widget Center para colocar el Text en el centro de la pantalla.
  - El App bar muestra el texto "Ejemplo Provider".
  - El widget de texto centrado muestra la Cadena "Configuración de la aplicación".

En esencia, esta aplicación muestra un valor de cadena estático, pero su propósito principal es ilustrar cómo el widget Provider permite compartir datos dentro de una aplicación Flutter.

Ejemplo 2. ChangeNotifierProvider<T>

```
import 'package:flutter/material.dart';
import 'package:provider/provider.dart';

class Contador extends ChangeNotifier {
  int _conteo = 0;

  int get conteo => _conteo;

  void incrementar() {
    _conteo++;
    notifyListeners();
  }
}
```

```dart
class PaginaContador extends StatelessWidget {
  const PaginaContador({super.key});

  @override
  Widget build(BuildContext context) {
    return Scaffold(
      appBar: appBar(title: text('Contador con Provider')),
      body: center(
        child: consumer<Contador>(
          builder: (context, contador, child) => Text(
            'Conteo: ${contador.conteo}',
            style: textStyle(fontSize: 24),
          ),
        ),
      ),
      floatingActionButton: floatingActionButton(
        onPressed: () =>
            Provider.of<Contador>(context, listen: false).
incrementar(),
        child: icon(Icons.add),
      ),
    );
  }
}

class EjemploChangeNotifierProvider extends StatelessWidget {
  const EjemploChangeNotifierProvider({super.key});

  @override
  Widget build(BuildContext context) {
    return ChangeNotifierProvider<Contador>(
      create: (_) => Contador(),
      child: materialApp(home: paginaContador()),
    );
  }
}

void main() {
  // Se agrega la función main
  runApp(
      EjemploChangeNotifierProvider()); //Se agrega el runApp, que
inicia la app.
}.
```

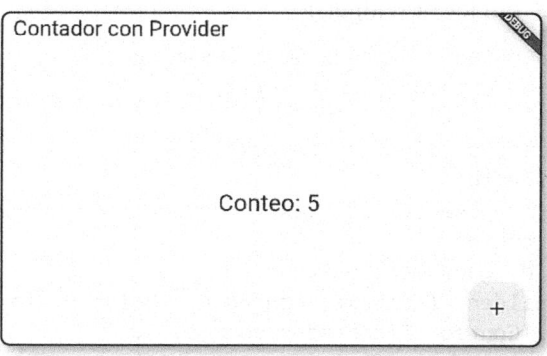

1. Importaciones:

```
import 'package:flutter/material.dart';
import 'package:provider/provider.dart';
```

- package: flutter/material.dart: importa la librería Material Design de Flutter, que proporciona widgets y estilos para crear interfaces de usuario.
- package: provider/provider.dart: importa la librería provider, que se utiliza para la gestión de estado.

2. Clase Contador (ChangeNotifier):

```
class Contador extends ChangeNotifier {.
  int _conteo = 0;

  int get conteo => _conteo;

  void incrementar() {.
    _conteo++;
    notifyListeners();
  }.
}.
```

- Esta clase extiende ChangeNotifier, lo que significa que puede notificar a los widgets que están escuchando sobre cambios en su estado.
- _conteo: una variable privada que almacena el valor del contador.
- get conteo: un getter que permite acceder al valor del contador desde fuera de la clase.
- void incrementar(): un método que incrementa el valor del contador y llama a notifyListeners() para notificar a los widgets que están escuchando sobre el cambio.

3. Clase PaginaContador (Widget):

```
class PaginaContador extends StatelessWidget {.
  const PaginaContador({super.key});
  @override.
  Widget build(BuildContext context) {.
    return Scaffold(.
      appBar: appBar(title: text('Contador con Provider')),.
      body: center(.
        child: consumer<Contador>(.
          builder: (context, contador, child) => Text(.
            'Conteo: ${contador.conteo}',.
            style: textStyle(fontSize: 24),.
          ),.
        ),.
      ),.
      floatingActionButton: floatingActionButton(.
        onPressed: () =>.
            Provider.of<Contador>(context, listen: false).incrementar(),.
        child: icon(Icons.add),.
      ),.
    );
  }.
}.
```

- Este widget representa la pantalla principal de la aplicación.

- Scaffold: proporciona la estructura básica de una pantalla con una barra de aplicaciones, un cuerpo y un botón flotante.

- Consumer<Contador>: un widget de la librería provider que reconstruye su contenido cada vez que el Contador notifica un cambio.

- Provider.of<Contador>(context, listen: false).incrementar(): accede al Contador proporcionado por el ChangeNotifierProvider y llama al método incrementar(). El listen: false es importante aquí, porque solo se quiere llamar al método, y no reconstruir el widget en este punto.

4. Clase EjemploChangeNotifierProvider (Widget):

```
class EjemploChangeNotifierProvider extends StatelessWidget {.
  const EjemploChangeNotifierProvider({super.key});
  @override.
  Widget build(BuildContext context) {.
    return ChangeNotifierProvider<Contador>(.
      create: (_) => Contador(),.
      child: materialApp(home: paginaContador()),.
    );
  }.
}.
```

- Este widget envuelve la aplicación en un ChangeNotifierProvider, lo que permite que los widgets descendientes accedan al Contador.
- ChangeNotifierProvider<Contador>: proporciona una instancia de Contador a los widgets descendientes.
- MaterialApp: el widget raíz de la aplicación, que define la apariencia y el comportamiento general de la aplicación.

5. Función main():

```
void main() {.
  runApp(EjemploChangeNotifierProvider());
}.
```

- Esta es la función principal de la aplicación, que se ejecuta cuando la aplicación se inicia.
- runApp(): inicia la aplicación y muestra el widget EjemploChangeNotifierProvider en la pantalla.

Esta aplicación muestra un contador en la pantalla. El Contador mantiene el valor del contador y notifica a los widgets cuando cambia. El ChangeNotifierProvider proporciona el Contador a los widgets descendientes, y el Consumer reconstruye la parte de la interfaz de usuario que muestra el valor del contador. El botón flotante llama al método incrementar() del Contador para aumentar el valor del contador.

Ejemplo 3, StreamProvider<T>

```
import 'package:flutter/material.dart';
import 'package:provider/provider.dart';

Stream<int> miStream() async* {
  for (int i = 0; i < 10; i++) {
    await Future.delayed(Duration(seconds: 1));
    yield i;
  }
}

class WidgetQueUsaStream extends StatelessWidget {
  const WidgetQueUsaStream({super.key});

  @override
  Widget build(BuildContext context) {
```

```
    final conteo = Provider.of<int>(context);
    return Text('Valor del stream: $conteo');
  }
}

class EjemploStreamProvider extends StatelessWidget {
  const EjemploStreamProvider({super.key});

  @override
  Widget build(BuildContext context) {
    return StreamProvider<int>(
      create: (_) => miStream(),
      initialData: 0,
      child: materialApp(
        home: scaffold(
          appBar: appBar(title: text('Ejemplo StreamProvider')),
          body: center(child: widgetQueUsaStream()),
        ),
      ),
    );
  }
}

void main() {
  // Se agrega la función main
  runApp(
      EjemploStreamProvider()); // Se agrega runApp para iniciar la
aplicación.
}.
```

Ejemplo StreamProvider

Valor del stream: 9

Explicación del código.

1. Importaciones:

```
import 'package:flutter/material.dart';
import 'package:provider/provider.dart';
```

- package: flutter/material.dart: importa la librería Material Design de Flutter, que proporciona widgets y estilos para crear interfaces de usuario.
- package: provider/provider.dart: importa la librería provider, que se utiliza para la gestión de estado.

2. Función miStream() (Generador de Stream):

```
Stream<int> miStream() async* {.
  for (int i = 0; i < 10; i++) {.
    await Future.delayed(Duration(seconds: 1));
    yield i;
  }.
}.
```

- Esta función define un Stream de enteros (Stream<int>).
- async*: indica que esta función es un generador asíncrono, lo que permite producir una secuencia de valores de forma asíncrona.
- for (int i = 0; i < 10; i++): un bucle que itera 10 veces.
- await Future.delayed(Duration(seconds: 1)): espera 1 segundo antes de producir el siguiente valor.
- yield i: produce el valor actual del bucle como parte del Stream.

3. Clase WidgetQueUsaStream (Widget):

```
class WidgetQueUsaStream extends StatelessWidget {.
  const WidgetQueUsaStream({super.key});
  @override.
  Widget build(BuildContext context) {.
    final conteo = Provider.of<int>(context);
    return Text('Valor del stream: $conteo');
  }.
}.
```

- Este widget muestra el valor actual del Stream.
- Provider.of<int>(context): obtiene el valor actual del Stream proporcionado por StreamProvider.

- Text('Valor del stream: $conteo'): muestra el valor del Stream en un widget de texto.

4. Clase EjemploStreamProvider (Widget):

```
class EjemploStreamProvider extends StatelessWidget {.
  const EjemploStreamProvider({super.key});
  @override.
  Widget build(BuildContext context) {.
    return StreamProvider<int>(.
      create: (_) => miStream(),.
      initialData: 0,.
      child: materialApp(.
        home: scaffold(.
          appBar: appBar(title: text('Ejemplo StreamProvider')),.
          body: center(child: widgetQueUsaStream()),.
        ),.
      ),.
    );
  }.
}.
```

- Este widget configura el StreamProvider.
- StreamProvider<int>: proporciona el Stream a los widgets descendientes.
- create: (_) => miStream(): crea el Stream utilizando la función miStream().
- initialData: 0: establece el valor inicial del Stream.
- MaterialApp: el widget raíz de la aplicación.
- Scaffold: proporciona la estructura básica de una pantalla.
- Center(child: widgetQueUsaStream()): centra el widget que muestra el valor del Stream.

5. Función main():

```
void main() {.
  runApp(EjemploStreamProvider());
}.
```

- Esta es la función principal de la aplicación.
- runApp(EjemploStreamProvider()): inicia la aplicación y muestra el widget EjemploStreamProvider.

Resumen

Esta aplicación muestra los valores producidos por un Stream en la pantalla. El Stream genera números enteros del 0 al 9 con un retraso de 1 segundo entre cada número. El StreamProvider proporciona el Stream a los widgets descendientes, y el WidgetQueUsaStream muestra el valor actual del Stream.

Ejemplo 4, FutureProvider<T>

```dart
import 'package:flutter/material.dart';
import 'package:provider/provider.dart';


Future<String> fetchData() async {
  await Future.delayed(Duration(seconds: 2));
  return 'Datos cargados';
}


class WidgetMostrandoDatos extends StatelessWidget {
  const WidgetMostrandoDatos({super.key});

  @override
  Widget build(BuildContext context) {
    final datos = Provider.of<String>(context);
    return Text(datos);
  }
}


class EjemploFutureProvider extends StatelessWidget {
  const EjemploFutureProvider({super.key});

  @override
  Widget build(BuildContext context) {
    return FutureProvider<String>(
      create: (_) => fetchData(),
      initialData: 'Cargando datos...',
      child: materialApp(
        home: scaffold(
          appBar: appBar(title: text('Ejemplo FutureProvider')),
          body: center(child: widgetMostrandoDatos()),
        ),
      ),
    );
```

```
    }
  }

  void main() {
    // Se agrega la función main
    runApp(
        EjemploFutureProvider()); // Se agrega runApp para iniciar la
  aplicación.
    }.
```

Preguntas

1. ¿Cuáles son las limitaciones de setState en aplicaciones Flutter complejas?

2. ¿Cómo funciona la arquitectura Provider?

3. ¿Qué son ChangeNotifierProvider y Consumer, y cómo se utilizan?

4. ¿Qué otros tipos de Providers existen en Flutter?

Ejercicio

Crea una aplicación Flutter que utilice Providers para gestionar una lista de tareas. Permite a los usuarios agregar, eliminar y marcar tareas como completadas.

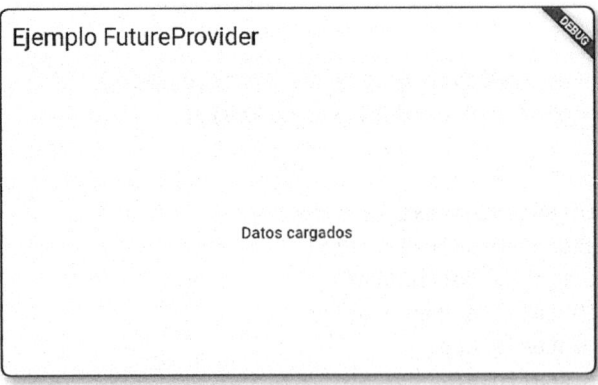

Explicación del código

```
import 'package:flutter/material.dart';
import 'package:provider/provider.dart';
```

- package: flutter/material.dart: importa la librería Material Design de Flutter, que proporciona widgets y estilos para crear interfaces de usuario.
- package: provider/provider.dart: importa la librería provider, que se utiliza para la gestión de estado.

1. Función fetchData() (Función Asíncrona):

```
Future<String> fetchData() async {.
  await Future.delayed(Duration(seconds: 2));
  return 'Datos cargados';
}.
```

- Esta función simula una operación asíncrona, como una llamada a una API.
- Future<String>: indica que la función devuelve un Future que eventualmente producirá un valor de tipo String.
- async: indica que la función contiene operaciones asíncronas.
- await Future.delayed(Duration(seconds: 2)): espera 2 segundos para simular una operación de carga.
- return 'Datos cargados': devuelve la cadena "Datos cargados" después de la espera.

2. Clase WidgetMostrandoDatos (Widget):

```
class WidgetMostrandoDatos extends StatelessWidget {.
  const WidgetMostrandoDatos({super.key});
  @override.
  Widget build(BuildContext context) {.
    final datos = Provider.of<String>(context);
    return Text(datos);
  }.
}.
```

- Este widget muestra los datos cargados por la función fetchData().
- Provider.of<String>(context): obtiene el valor de tipo String proporcionado por el FutureProvider.
- Text(datos): muestra los datos en un widget de texto.

3. Clase EjemploFutureProvider (Widget):

```
class EjemploFutureProvider extends StatelessWidget {.
  const EjemploFutureProvider({super.key});
  @override.
  Widget build(BuildContext context) {.
```

```
    return FutureProvider<String>(.
      create: (_) => fetchData(),.
      initialData: 'Cargando datos...',.
      child: materialApp(.
        home: scaffold(.
          appBar: appBar(title: text('Ejemplo FutureProvider')),.
          body: center(child: widgetMostrandoDatos()),.
        ),.
      ),.
    );
  }.
}.
```

- Este widget configura el FutureProvider.
- FutureProvider<String>: proporciona el resultado de la función fetchData() a los widgets descendientes.
- create: (_) => fetchData(): llama a la función fetchData() para obtener los datos.
- initialData: 'Cargando datos...': establece el valor inicial del FutureProvider mientras se cargan los datos.
- MaterialApp: el widget raíz de la aplicación.
- Scaffold: proporciona la estructura básica de una pantalla.
- Center(child: widgetMostrandoDatos()): centra el widget que muestra los datos.

4. Función main():

```
void main() {.
  runApp(EjemploFutureProvider());
}.
```

- Esta es la función principal de la aplicación.
- runApp(EjemploFutureProvider()): inicia la aplicación y muestra el widget EjemploFutureProvider.

Esta aplicación muestra un mensaje de "Cargando datos..." inicialmente y luego muestra "Datos cargados" después de 2 segundos. El FutureProvider se utiliza para manejar la carga asíncrona de datos y notificar a los widgets descendientes cuando los datos están disponibles.

Ejemplo 5. MultiProvider

```
import 'package:flutter/material.dart';
import 'package:provider/provider.dart';

class Contador extends ChangeNotifier {
  int _conteo = 0;

  int get conteo => _conteo;

  void incrementar() {
    _conteo++;
    notifyListeners();
  }
}

Stream<int> miStream() async* {
  for (int i = 0; i < 10; i++) {
    await Future.delayed(Duration(seconds: 1));
    yield i;
  }
}

class WidgetQueUsaStream extends StatelessWidget {
  const WidgetQueUsaStream({super.key});

  @override
  Widget build(BuildContext context) {
    final conteo = Provider.of<int>(context);
    return Text('Valor del stream: $conteo');
  }
}

class EjemploMultiProvider extends StatelessWidget {
  const EjemploMultiProvider({super.key});

  @override
  Widget build(BuildContext context) {
    return MultiProvider(
      providers: [
        ChangeNotifierProvider(create: (_) => Contador()),
        StreamProvider(create: (_) => miStream(), initialData: 0),
      ],
      child: materialApp(
```

```
      home: scaffold(
        appBar: appBar(title: text('Ejemplo MultiProvider')),
        body: column(
          mainAxisAlignment: mainAxisAlignment.center,
          children: [
            Consumer<Contador>(
              builder: (context, contador, child) =>
                  Text('Conteo: ${contador.conteo}'),
            ),
            WidgetQueUsaStream(),
          ],
        ),
        floatingActionButton: floatingActionButton(
          onPressed: () =>
              Provider.of<Contador>(context, listen: false).
incrementar(),
          child: icon(Icons.add),
        ),
      ),
    ),
  );
  }
}

void main() {
  // Se agrega la función main
  runApp(
      EjemploMultiProvider()); // Se agrega runApp para iniciar la
aplicación.
}.
```

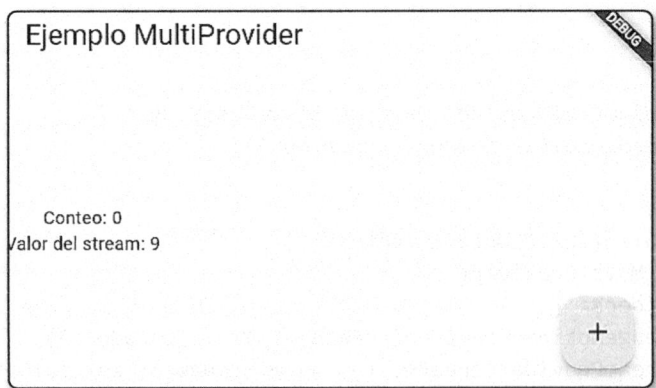

1. Importaciones:

```
import 'package:flutter/material.dart';
import 'package:provider/provider.dart';
```

- package: flutter/material.dart: importa la librería Material Design de Flutter, que proporciona widgets y estilos para crear interfaces de usuario.
- package: provider/provider.dart: importa la librería provider, que se utiliza para la gestión de estado.

2. Clase Contador (ChangeNotifier):

```
class Contador extends ChangeNotifier {.
  int _conteo = 0;
  int get conteo => _conteo;

  void incrementar() {.
    _conteo++;
    notifyListeners();
  }.
}.
```

- Esta clase extiende ChangeNotifier, lo que significa que puede notificar a los widgets que están escuchando sobre cambios en su estado.
- _conteo: una variable privada que almacena el valor del contador.
- get conteo: un getter que permite acceder al valor del contador desde fuera de la clase.
- void incrementar(): un método que incrementa el valor del contador y llama a notifyListeners() para notificar a los widgets que están escuchando sobre el cambio.

3. Función miStream() (Generador de Stream):

```
Stream<int> miStream() async* {.
  for (int i = 0; i < 10; i++) {.
    await Future.delayed(Duration(seconds: 1));
    yield i;
  }.
}.
```

- Esta función define un Stream de enteros (Stream<int>).
- async*: indica que esta función es un generador asíncrono, lo que permite producir una secuencia de valores de forma asíncrona.

- for (int i = 0; i < 10; i++): un bucle que itera 10 veces.
- await Future.delayed(Duration(seconds: 1)): espera 1 segundo antes de producir el siguiente valor.
- yield i: produce el valor actual del bucle como parte del Stream.

4. Clase WidgetQueUsaStream (Widget):

```
class WidgetQueUsaStream extends StatelessWidget {.
  const WidgetQueUsaStream({super.key});
  @override.
  Widget build(BuildContext context) {.
    final conteo = Provider.of<int>(context);
    return Text('Valor del stream: $conteo');
  }.
}.
```

- Este widget muestra el valor actual del Stream.
- Provider.of<int>(context): obtiene el valor actual del Stream proporcionado por StreamProvider.
- Text('Valor del stream: $conteo'): muestra el valor del Stream en un widget de texto.

5. Clase EjemploMultiProvider (Widget):

```
class EjemploMultiProvider extends StatelessWidget {.
  const EjemploMultiProvider({super.key});
  @override.
  Widget build(BuildContext context) {.
    return MultiProvider(.
      providers: [.
        ChangeNotifierProvider(create: (_) => Contador()),.
        StreamProvider(create: (_) => miStream(), initialData: 0),.
      ],.
      child: materialApp(.
        home: scaffold(.
          appBar: appBar(title: text('Ejemplo MultiProvider')),.
          body: column(.
            mainAxisAlignment: mainAxisAlignment.center,.
            children: [.
              Consumer<Contador>(.
                builder: (context, contador, child) =>.
                  Text('Conteo: ${contador.conteo}'),.
              ),.
              WidgetQueUsaStream(),.
```

```
            ],.
          ),.
          floatingActionButton: floatingActionButton(.
            onPressed: () =>.
              Provider.of<Contador>(context, listen: false).
  incrementar(),.
            child: icon(Icons.add),.
          ),.
        ),.
      ),.
    );
  }.
}.
```

- Este widget configura el MultiProvider.

- MultiProvider: permite combinar múltiples Providers en un solo lugar.

- Providers: una lista de Providers que se proporcionarán a los widgets descendientes.

- ChangeNotifierProvider(create: (_) => Contador()): proporciona una instancia de Contador a los widgets descendientes.

- StreamProvider(create: (_) => miStream(), initialData: 0): proporciona el Stream generado por miStream() a los widgets descendientes.

- MaterialApp: el widget raíz de la aplicación.

- Scaffold: proporciona la estructura básica de una pantalla.

- Column: organiza los widgets hijos en una columna vertical.

- Consumer<Contador>: reconstruye su contenido cada vez que el Contador notifica un cambio.

- WidgetQueUsaStream(): muestra el valor actual del Stream.

- floatingActionButton: un botón flotante que llama al método incrementar() del Contador.

6. Función main():

```
void main() {.
  runApp(EjemploMultiProvider());
}.
```

- Esta es la función principal de la aplicación.

- runApp(EjemploMultiProvider()): inicia la aplicación y muestra el widget EjemploMultiProvider.

Esta aplicación combina el uso de ChangeNotifierProvider y StreamProvider utilizando MultiProvider. Muestra un contador y los valores producidos por un Stream en la misma pantalla. El botón flotante permite incrementar el contador.

Resumen

En este capítulo has conocido acerca de los Providers en Flutter, con ejemplos específicos para cada uno de ellos. Código que debes analizar para mejor entendimiento.

Preguntas

1. ¿Cuál es el propósito principal del widget Consumer<T> en el contexto de la gestión de estado con Providers?

2. ¿En qué situaciones es más eficiente usar Consumer<T> en lugar de Provider. of<T>(context)?

3. Proporciona un ejemplo de código donde se demuestre claramente la diferencia entre estos dos métodos.

Ejercicios

1. Crea una aplicación Flutter que permita a los usuarios agregar, eliminar y marcar tareas como completadas.

2. Utiliza ChangeNotifierProvider para gestionar el estado de la lista de tareas. Implementa una interfaz de usuario que muestre la lista de tareas y permita realizar las operaciones mencionadas.

15

PROYECTOS EN FLUTTER

Objetivos

▶ Desarrollar proyectos en Flutter.

▶ Identificar el código utilizado.

Introducción

Conocer ejemplos de proyectos ya terminados y funcionando correctamente son una manera apropiada de aprender. Analizar el código, hacer modificaciones y ver el resultado te ayudara a mejorar en tu entrenamiento para desarrollo de Apps.

Puedes copiar y pegar el código de los ejemplos que presento a continuación, en el editor de Android Studio luego ejecutas el proyecto para que veas los resultados.

Es obvio que para que puedas hacer esto, debes tener configurado todo el entorno para el desarrollo en Flutter, como se explicó en los capítulos iniciales de este libro.

Si tienes dudas vuelve a leer la información.

Ejemplo 27: calculadora de notas

```
import 'package:flutter/material.dart';

void main() {
  runApp(MyApp());
}

class MyApp extends StatelessWidget {
```

```dart
  const MyApp({super.key});

  @override
  Widget build(BuildContext context) {
    return MaterialApp(
      home: gradeCalculator(),
    );
  }
}

class GradeCalculator extends StatefulWidget {
  const GradeCalculator({super.key});

  @override
  State<GradeCalculator> createState() => _GradeCalculatorState();
}

class _GradeCalculatorState extends State<GradeCalculator> {
  List<String> subjects = ['Materia 1', 'Materia 2', 'Materia 3'];
  List<List<TextEditingController>> gradeControllers =
      List.generate(3, (_) => List.generate(4, (_) =>
TextEditingController()));
  int selectedTrimestres = 4;
  List<double> averages = List.generate(3, (_) => 0);
  List<bool> isEditingSubjects = List.generate(3, (_) => false);
  List<TextEditingController> subjectControllers =
      List.generate(3, (_) => TextEditingController());

  @override
  void initState() {
    super.initState();
    for (int i = 0; i < subjects.length; i++) {
      subjectControllers[i].text = subjects[i];
    }
  }

  void calculateAverages() {
    averages = List.generate(subjects.length, (subjectIndex) {
      List<double> grades = [];
      for (int trimesterIndex = 0;
          trimesterIndex < selectedTrimestres;
          trimesterIndex++) {
        double? grade = double.tryParse(
            gradeControllers[subjectIndex][trimesterIndex].text);
        if (grade != null) {
```

```dart
              grades.add(grade);
          }
      }
      return grades.isNotEmpty
          ? grades.reduce((a, b) => a + b) / grades.length
          : 0;
    });

    setState(() {});
  }

  void addSubject() {
    setState(() {
      subjects.add('Nueva Materia');
      gradeControllers.add(List.generate(4, (_) =>
TextEditingController()));
      averages.add(0);
      isEditingSubjects.add(true);
      subjectControllers.add(TextEditingController(text: 'Nueva Materia'));
    });
  }

  @override
  Widget build(BuildContext context) {
    return Scaffold(
      appBar: appBar(title: text('Calculadora de Notas')),
      body: singleChildScrollView(
        child: padding(
          padding: const EdgeInsets.all(16.0),
          child: column(
            crossAxisAlignment: crossAxisAlignment.start,
            children: [
              DropdownButton<int>(
                value: selectedTrimestres,
                onChanged: (int? newValue) {
                  setState(() {
                    selectedTrimestres = newValue!;
                  });
                },
                items: <int>[3, 4].map<DropdownMenuItem<int>>((int value) {
                  return DropdownMenuItem<int>(
                    value: value,
                    child: text('$value Trimestres'),
                  );
                }).toList(),
```

```
      ),
      for (int subjectIndex = 0;
          subjectIndex < subjects.length;
          subjectIndex++)
        Row(
          children: [
            Expanded(
              flex: 2,
              child: isEditingSubjects[subjectIndex]
                  ? TextField(
                      controller: subjectControllers[subjectIndex],
                      onEditingComplete: () {
                        setState(() {
                          subjects[subjectIndex] =
                              subjectControllers[subjectIndex].text;
                          isEditingSubjects[subjectIndex] = false;
                        });
                      },
                    )
                  : inkWell(
                      onTap: () {
                        setState(() {
                          isEditingSubjects[subjectIndex] = true;
                        });
                      },
                      child: text(subjects[subjectIndex])),
            ),
            Expanded(
              flex: 4,
              child: row(
                children: [
                  for (int trimesterIndex = 0;
                      trimesterIndex < selectedTrimestres;
                      trimesterIndex++)
                    Expanded(
                      child: padding(
                        padding:
                            const EdgeInsets.symmetric(horizontal: 4.0),
                        child: textField(
                          controller: gradeControllers[subjectIndex]
                              [trimesterIndex],
                          keyboardType: textInputType.number,
                          onChanged: (_) => calculateAverages(),
                          decoration: inputDecoration(
                              labelText:
```

```
                                        'Trimestre ${trimesterIndex + 1}'),
                        ),
                      ),
                    ),
                  ],
                ),
              ),
            Expanded(
              flex: 1,
              child: text(
                averages[subjectIndex].toStringAsFixed(2),
                style: textStyle(
                  color: averages[subjectIndex] < 70
                      ? Colors.red
                      : colors.black,
                ),
              ),
            ),
          ],
        ),
    ElevatedButton(
      onPressed: addSubject,
      child: text('Agregar Materia'),
    ),
  ],
),
),
),
);
}
}.
```

Calculadora de Notas

4 Trimestres ▾

	Trimestre 1	Trimestre 2	Trimestre 3	Trimestre 4	
Fisica	70	82	65	90	76.75
Quimica	Trimestre 1	Trimestre 2	Trimestre 3	Trimestre 4	0.00
Bioestadistica 3	Trimestre 1	Trimestre 2	Trimestre 3	Trimestre 4	0.00

Agregar Materia

Este código crea una aplicación Flutter para calcular promedios de notas. Permite al usuario ingresar las notas de diferentes materias por trimestres, seleccionar el número de trimestres (3 o 4), editar los nombres de las materias y agregar nuevas materias dinámicamente. Los promedios se calculan y muestran en tiempo real, con un color rojo para los promedios menores a 70.

Estructura del Código

1. main() y MyApp:
   - La función main() es el punto de entrada de la aplicación.
   - MyApp es un StatelessWidget que configura la aplicación, estableciendo GradeCalculator como la pantalla principal.

2. GradeCalculator (StatefulWidget):
   - Este StatefulWidget maneja la lógica y la interfaz de usuario de la calculadora de notas.
   - Contiene el estado de la aplicación, incluyendo:
     - subjects: lista de nombres de materias.
     - gradeControllers: matriz de TextEditingController para las notas por materia y trimestre.
     - selectedTrimestres: número de trimestres seleccionados.
     - averages: lista de promedios calculados por materia.
     - isEditingSubjects: lista booleana para controlar la edición de nombres de materias.
     - subjectControllers: lista de TextEditingController para los nombres de materias.

3. initState():
   - Inicializa los controladores de texto de las materias con los nombres iniciales.

4. calculateAverages():
   - Calcula el promedio de notas para cada materia.
   - Actualiza la lista averages con los resultados.
   - Utiliza setState() para reconstruir la interfaz con los nuevos promedios.

5. addSubject():
   - Agrega una nueva materia a la lista subjects.
   - Actualiza las listas gradeControllers, averages, isEditingSubjects, y subjectControllers.
   - Utiliza setState() para reflejar los cambios en la interfaz.

6. build():

- • Construye la interfaz de usuario de la aplicación.
- • Incluye:
  - − AppBar: barra de título de la aplicación.
  - − SingleChildScrollView: permite hacer scroll si el contenido excede la pantalla.
  - − Padding: agrega espacio alrededor del contenido.
  - − Column: organiza los widgets verticalmente.
  - − DropdownButton: permite seleccionar el número de trimestres.
  - − Row: organiza los widgets horizontalmente para cada materia.
  - − TextField: permite ingresar notas por trimestre.
  - − Text: muestra los nombres de las materias y los promedios.
  - − ElevatedButton: botón para agregar nuevas materias.
  - − InkWell: permite hacer clic en los nombres de las materias para editarlos.
  - − TextField: permite editar los nombres de las materias.

Importante:

▶ Manejo de Estado: el estado de la aplicación se gestiona con setState(), lo que permite actualizar la interfaz cuando los datos cambian.

▶ Entrada de Datos: se utilizan TextField para ingresar notas y nombres de materias.

▶ Cálculo en Tiempo Real: los promedios se calculan cada vez que se modifica una nota.

▶ Interfaz Dinámica: se permite agregar y editar materias dinámicamente.

▶ Visualización de Resultados: los promedios se muestran junto a las materias, con un color rojo para los promedios menores a 70.

Este ejemplo es útil para enseñar conceptos básicos de Flutter, como el manejo de estado, la entrada de datos, la creación de interfaces dinámicas y el procesamiento de datos en tiempo real.

Ejemplo: calculadora Básica

```
import 'package:flutter/material.dart';

void main() {
  runApp(const CalculadoraApp());
}
```

```dart
class CalculadoraApp extends StatelessWidget {
  const CalculadoraApp({super.key});

  @override
  Widget build(BuildContext context) {
    return MaterialApp(
      debugShowCheckedModeBanner: false,
      title: 'Calculadora Flutter',
      theme: themeData.dark().copyWith(primaryColor: colors.orange),
      home: const CalculadoraScreen(),
    );
  }
}

class CalculadoraScreen extends StatefulWidget {
  const CalculadoraScreen({super.key});

  @override
  State<CalculadoraScreen> createState() => _CalculadoraScreenState();
}

class _CalculadoraScreenState extends State<CalculadoraScreen> {
  // Variables para gestionar el estado de la calculadora
  String _output = "0"; // El texto que se muestra en la pantalla
  String _currentInput = "";
  String _operator = "";
  double _num1 = 0;
  double _num2 = 0;

  // Función que se ejecuta al presionar un botón
  void _onButtonPressed(String buttonText) {
    setState(() {
      if ("0123456789.".contains(buttonText)) {
        // Si se presiona un número o un punto decimal
        _currentInput += buttonText;
        _output = _currentInput;
      } else if (buttonText == "C") {
        // Si se presiona el botón de limpiar
        _output = "0";
        _currentInput = "";
        _operator = "";
        _num1 = 0;
        _num2 = 0;
      } else if ("+-*/".contains(buttonText)) {
        // Si se presiona un operador
        if (_currentInput.isNotEmpty) {
```

```
          _num1 = double.parse(_currentInput);
          _operator = buttonText;
          _currentInput = "";
          _output = buttonText; // Muestra el operador en pantalla
        }
      } else if (buttonText == "=") {
        // Si se presiona el botón de igual
        if (_currentInput.isNotEmpty && _operator.isNotEmpty) {
          _num2 = double.parse(_currentInput);
          double result = 0;
          switch (_operator) {
            case "+":
              result = _num1 + _num2;
              break;
            case "-":
              result = _num1 - _num2;
              break;
            case "*":
              result = _num1 * _num2;
              break;
            case "/":
              if (_num2 != 0) {
                result = _num1 / _num2;
              } else {
                _output = "Error"; // Manejo de división por cero
                return;
              }
              break;
          }
          // Formatea el resultado para quitar el ".0" si es un entero
          _output = result.toStringAsFixed(
            result.truncateToDouble() == result ? 0 : 2,
          );
          _currentInput = _output;
          _operator = "";
        }
      }
    });
  }

  // Widget para construir cada botón
  Widget _buildButton(
    String buttonText, {
    Color color = Colors.white,
    Color backgroundColor = Colors.brown,
  }) {
```

```
    return Expanded(
      child: padding(
        padding: const EdgeInsets.all(4.0),
        child: elevatedButton(
          style: elevatedButton.styleFrom(
            backgroundColor: backgroundColor,
            padding: const EdgeInsets.all(24.0),
            shape: const CircleBorder(),
          ),
          onPressed: () => _onButtonPressed(buttonText),
          child: text(
            buttonText,
            style: textStyle(
              fontSize: 28,
              fontWeight: fontWeight.bold,
              color: color,
            ),
          ),
        ),
      ),
    );
  }

  @override
  Widget build(BuildContext context) {
    return Scaffold(
      appBar: appBar(
        title: const Text('Calculadora Ayalita'),
        backgroundColor: colors.black,
      ),
      body: column(
        children: <Widget>[
          // Pantalla de la calculadora
          Expanded(
            child: container(
              alignment: alignment.bottomRight,
              padding: const EdgeInsets.symmetric(vertical: 24, horizontal: 12),
              child: text(
                _output,
                style: const TextStyle(
                  fontSize: 60.0,
                  fontWeight: fontWeight.bold,
                ),
              ),
            ),
          ),
```

```
        const Divider(height: 1),
        // Teclado de la calculadora
        Column(
          children: [
            Row(
              children: [
                _buildButton("7"),
                _buildButton("8"),
                _buildButton("9"),
                _buildButton("/", backgroundColor: colors.cyan),
              ],
            ),
            Row(
              children: [
                _buildButton("4"),
                _buildButton("5"),
                _buildButton("6"),
                _buildButton("*", backgroundColor: colors.cyan),
              ],
            ),
            Row(
              children: [
                _buildButton("1"),
                _buildButton("2"),
                _buildButton("3"),
                _buildButton("-", backgroundColor: colors.cyan),
              ],
            ),
            Row(
              children: [
                _buildButton("C", backgroundColor: colors.redAccent),
                _buildButton("0"),
                _buildButton("=", backgroundColor: colors.red),
                _buildButton("+", backgroundColor: colors.cyan),
              ],
            ),
          ],
        ),
      ],
    ),
  );
  }
}.
```

> (i) **Consejo**
>
> Analiza el código de los ejemplos y lee los comentarios que se han agregado explicando líneas de código.

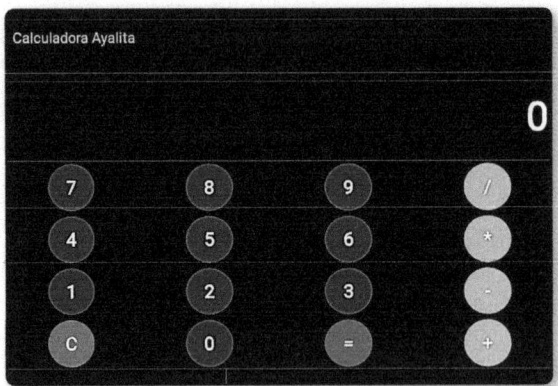

Ejemplo 30

Base de datos

Los datos están en todos lados, se generan a cada momento y debemos fácilmente acceder a ellos para verlos, analizar y usarlos si es necesario.

Las bases de datos son herramientas para organizar y guardar los datos a nivel local o en la nube.

A continuación te muestro un ejemplo sencillo de una base de datos en Flutter. Usando sqflite.

Para este proyecto debes agregar las dependencias sqflite y path en el archivo pubspec.yaml.

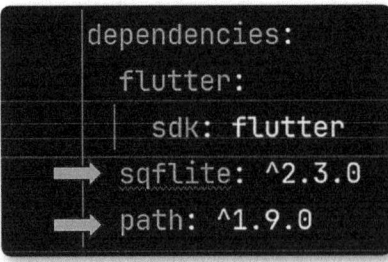

```
dependencies:
  flutter:
    sdk: flutter
  sqflite: ^2.3.0
  path: ^1.9.0
```

Debes crear dos archivos en la carpeta lib y son: task_model.dart y db_helper. dart.

Paso 0

Agregar en pub spec.yaml el siguiente paquete en dependencias.

```
shared_preferences: ^2.2.2
```

```
dependencies:
  flutter:
    sdk: flutter
  sqflite: ^2.3.0
  path: ^1.9.0
  shared_preferences: ^2.2.2
```

Paso 1

Copia en el main.dart el siguiente código.

```dart
import 'package:flutter/material.dart';

import 'db_helper.dart';
import 'task_model.dart';

void main() => runApp(const MyApp());

class MyApp extends StatelessWidget {
  const MyApp({super.key});
  @override
  Widget build(BuildContext context) {
    return MaterialApp(
      debugShowCheckedModeBanner: false,
      theme: themeData(primarySwatch: colors.blue, useMaterial3: true),
      home: const TaskScreen(),
```

```
      );
   }
}

class TaskScreen extends StatefulWidget {
  const TaskScreen({super.key});
  @override
  State<TaskScreen> createState() => _TaskScreenState();
}

class _TaskScreenState extends State<TaskScreen> {
  List<Task> _tasks = [];
  final TextEditingController _controller = TextEditingController();

  @override
  void initState() {
    super.initState();
    _refreshTasks();
  }

  _refreshTasks() async {
    final data = await DatabaseHelper.instance.readAllTasks();
    setState(() => _tasks = data);
  }

  _addTask() async {
    if (_controller.text.isNotEmpty) {
      // Creamos un ID basado en el tiempo actual
      final newTask = Task(
        id: dateTime.now().toString(),
        title: _controller.text,
      );
      _tasks.add(newTask);
      await DatabaseHelper.instance.saveTasks(_tasks);
      _controller.clear();
      _refreshTasks();
    }
  }

  _deleteTask(String id) async {
    _tasks.removeWhere((t) => t.id == id);
    await DatabaseHelper.instance.saveTasks(_tasks);
    _refreshTasks();
  }
```

```
  _showEditDialog(Task task) {
    _controller.text = task.title;
    showDialog(
      context: context,
      builder: (context) => AlertDialog(
        title: const Text('Editar'),
        content: textField(controller: _controller),
        actions: [
          ElevatedButton(
            onPressed: () async {
              int index = _tasks.indexWhere((t) => t.id == task.id);
              _tasks[index] = Task(id: task.id, title: _controller.text);
              await DatabaseHelper.instance.saveTasks(_tasks);
              _controller.clear();
              Navigator.pop(context);
              _refreshTasks();
            },
            child: const Text('Actualizar'),
          ),
        ],
      ),
    );
  }

  @override
  Widget build(BuildContext context) {
    return Scaffold(
      appBar: appBar(title: const Text('App BD con CRUD')),
      body: column(
        children: [
          Padding(
            padding: const EdgeInsets.all(16.0),
            child: row(
              children: [
                Expanded(
                  child: textField(
                    controller: _controller,
                    decoration: const InputDecoration(labelText: 'Nueva
tarea'),
                  ),
                ),
                IconButton(
                  onPressed: _addTask,
                  icon: const Icon(
                    Icons.add_circle,
```

```
                                size: 40,
                                color: colors.green,
                              ),
                            ),
                          ],
                        ),
                      ),
                    ),
                    Expanded(
                      child: _tasks.isEmpty
                          ? const Center(
                              child: text(
                                'No hay datos. ¡Agrega uno y verás los botones!',
                              ),
                            )
                          : listView.builder(
                              itemCount: _tasks.length,
                              itemBuilder: (context, index) {
                                final item = _tasks[index];
                                return ListTile(
                                  title: text(item.title),
                                  trailing: row(
                                    mainAxisSize: mainAxisSize.min,
                                    children: [
                                      IconButton(
                                        icon: const Icon(Icons.edit, color:
colors.blue),
                                        onPressed: () => _showEditDialog(item),
                                      ),
                                      IconButton(
                                        icon: const Icon(Icons.delete, color:
colors.red),
                                        onPressed: () => _deleteTask(item.id),
                                      ),
                                    ],
                                  ),
                                );
                              },
                            ),
                    ),
                  ],
                ),
              );
  }
}
```

Paso 2

Copia en el archivo db_helper.dart.

```
import 'dart:convert';

import 'package:shared_preferences/shared_preferences.dart';

import 'task_model.dart';

class DatabaseHelper {
  static final DatabaseHelper instance = DatabaseHelper._init();
  DatabaseHelper._init();

  // Guardar la lista completa de tareas
  Future<void> saveTasks(List<Task> tasks) async {
    final prefs = await SharedPreferences.getInstance();
    // Convertimos la lista de objetos a una cadena JSON
    String jsonTasks = jsonEncode(tasks.map((t) => t.toMap()).
toList());
    await prefs.setString('my_tasks', jsonTasks);
  }

  // Leer la lista completa
  Future<List<Task>> readAllTasks() async {
    final prefs = await SharedPreferences.getInstance();
    String? jsonTasks = prefs.getString('my_tasks');

    if (jsonTasks == null) return [];

    List<dynamic> decoded = jsonDecode(jsonTasks);
    return decoded.map((item) => Task.fromMap(item)).toList();
  }
}
```

Paso 3

Copia en task_model.dart.

```
class Task {
  final String id; // Usaremos un String para el ID en esta versión
  final String title;

  Task({required this.id, required this.title});
```

```
  // Convertir objeto a Mapa para JSON
  Map<String, dynamic> toMap() {
    return {'id': id, 'title': title};
  }

  // Crear objeto desde Mapa de JSON
  factory Task.fromMap(Map<String, dynamic> map) {
    return Task(id: map['id'], title: map['title']);
  }
}
```

Ejecuta el proyecto.

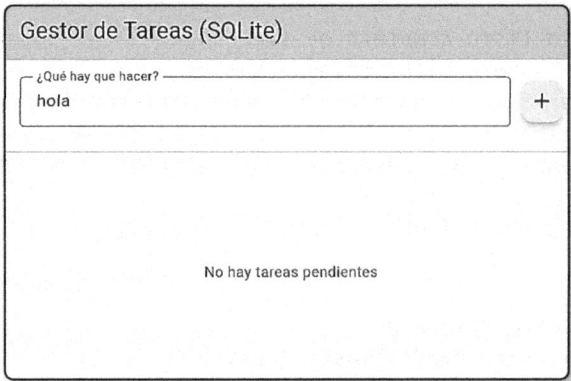

¿Qué sigue después de estudiar este libro?

Volver a leer la teoría, practicar ejercicios enfocándose en temas que menos se han entendido.

Estudiar los otros libros de la serie Desarrollo de aplicaciones móviles con Dart, Flutter y Android Studio.

Enfocarte en un solo SDK (Flutter) con su lenguaje (Dart) y su IDE (Android Studio) te volverá un experto para el desarrollo de apps multiplataforma.

16

PUBLICACIÓN DE APP EN GOOGLE PLAY Y APP STORE

Objetivos

1. Conocer los requisitos administrativos y económicos para publicar en Google Play y App Store.

2. Dominar los pasos técnicos para firmar, compilar y subir aplicaciones desde Android Studio y Xcode.

Introducción

La cereza del pastel en el desarrollo de Apps es la publicación. Hay dos plataformas principales que dominan el mercado: **Google Play** para Android y **App Store** para dispositivos Apple (iOS).

> **ⓘ Nota del autor**
>
> Al principio, el proceso de publicación puede parecerte engorroso o difícil, pero ya verás que subiendo tu primera App todo se te hará más fácil. ¡Así que no te desanimes y adelante!

En este capítulo aprenderás los pasos técnicos, administrativos y de marketing para llevar tu proyecto de Flutter al mundo real.

16.1 PREPARACIÓN PARA GOOGLE PLAY (ANDROID)

Para publicar en Android, Google exige un paquete optimizado y firmado digitalmente que garantice la integridad del código.

a) Costos y Registro

- **Costo:** $25 USD (pago único de por vida).
- **Cuenta:** Google Play Console. Requiere una cuenta de Google y verificación de identidad oficial.

b) Firma Digital y Configuración Técnica

El **Keystore** es un archivo que garantiza que tú eres el autor de la app. **Si lo pierdes, no podrás actualizar tu app nunca más.**

1. **Generar la llave:** en la terminal de Android Studio, ejecuta el siguiente comando (sustituye USUARIO por tu nombre de usuario en el sistema):
   - **Windows:** `keytool -genkey -v -keystore c:\Users\USUARIO\upload-keystore.jks -storetype JKS -keyalg RSA -keysize 2048 -validity 10000 -alias upload`

2. **Vincular con Flutter:** crea un archivo de texto llamado `android/key.properties` con este contenido:
   Properties

```
storePassword=tu_contraseña_elegida
keyPassword=tu_contraseña_elegida
keyAlias=upload
storeFile=c:/Users/USUARIO/upload-keystore.jks
```

3. **Configurar el Build Gradle:** edita el archivo `android/app/build.gradle` para cargar estas propiedades y aplicarlas en la sección `signingConfigs`:
   Gradle

```
signingConfigs {
    release {
        keyAlias keystoreProperties['keyAlias']
        keyPassword keystoreProperties['keyPassword']
        storeFile keystoreProperties['storeFile'] ? file(keystoreProperties['storeFile']) : null
        storePassword keystoreProperties['storePassword']
    }
}
buildTypes {
    release {
```

```
        signingConfig signingConfigs.release
    }
}
```

4. **Generar el Bundle:** ejecuta el comando `flutter build appbundle`. El archivo `.aab` resultante en `build/app/outputs/bundle/release/` es el que subirás a la consola.

16.2 PREPARACIÓN PARA APP STORE (IOS)

Apple requiere un proceso más manual y el uso obligatorio de una computadora **Mac con Xcode**.

a) *Costos y Registro*

- **Costo:** $99 USD (anuales). Si la suscripción expira, tu app es retirada de la tienda.
- **Cuenta:** Apple Developer Program.

b) Identificadores y Certificados

1. **Certificado de Distribución:** Se crea en Xcode en **Settings > Accounts > Manage Certificates** pulsando el botón **+ (iOS Distribution)**.

2. **App ID (Bundle ID):** Registra el nombre único de tu app (ej: `com.tuempresa.app`) en el portal de *Apple Developer*.

3. **App Store Connect:** Es el portal donde gestionas la ficha técnica. Debes crear una "Nueva App" y vincularla con tu Bundle ID.

c) Envío desde Xcode

1. **Abre el archivo** `ios/Runner.xcworkspace`. En la pestaña Signing & Capabilities, selecciona tu equipo de desarrollo.

2. Cambia el destino de ejecución a Any iOS Device (arm64).

3. Ve al menú Product > Archive. Al finalizar, haz clic en Distribute App para subirla a App Store Connect.

A continuación, presento diagramas de flujo para que entiendas de manera visual y rápida la ruta que debes seguir en cada plataforma. Estos esquemas te servirán como una lista de verificación rápida cada vez que comiences un nuevo lanzamiento

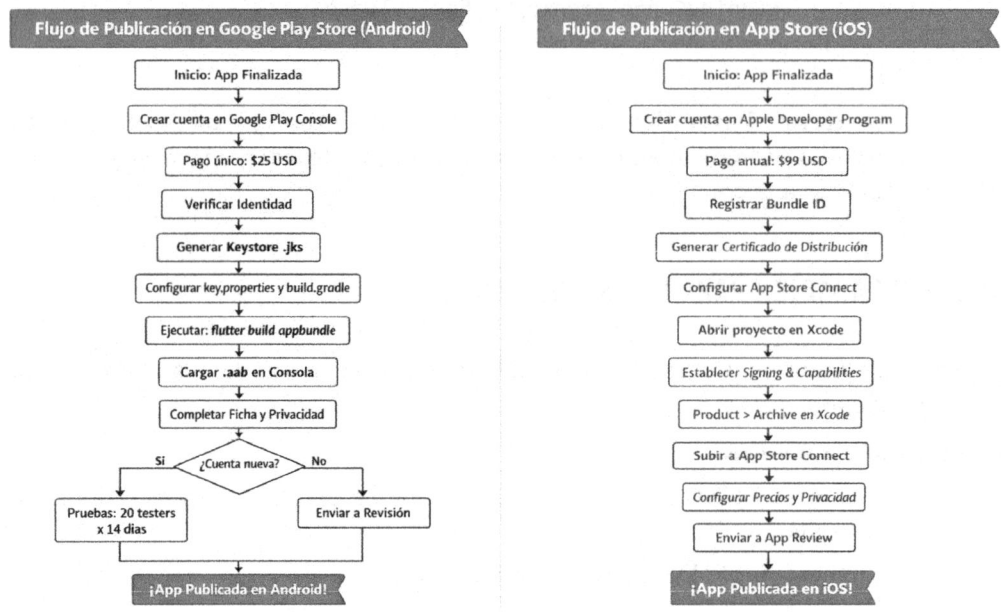

Para interpretar correctamente los esquemas anteriores, ten en cuenta el significado de cada figura:

▸ **Rectángulos (Procesos):** Representan una acción directa que tú o la computadora deben realizar, como "Crear cuenta" o "Ejecutar build".

▸ **Rombos (Decisiones):** Indican un punto donde el camino se divide según tu situación, como la pregunta "¿Cuenta nueva?" en el flujo de Android.

▸ **Flechas (Flujo):** Indican la dirección lógica y el orden cronológico que debes seguir.

▸ **Banderas/Cintas (Inicio y Fin):** Marcan el punto de partida con la "App Finalizada" y la meta final con la "App Publicada".

16.3 ASO: OPTIMIZACIÓN PARA QUE TU APP SEA ENCONTRADA

No basta con subir la app; necesitas visibilidad. El **ASO (App Store Optimization)** es el equivalente al SEO para las tiendas de aplicaciones.

▸ **Título:** Debe ser claro e incluir palabras clave. (Ej: "FitTrack - Diario de Entrenamiento").

⯈ **Palabras Clave (Keywords):** En Apple tienes 100 caracteres. No repitas palabras que ya estén en el título.

⯈ **Capturas de Pantalla:** Son vitales. Las primeras imágenes deben mostrar el beneficio principal con textos legibles.

⯈ **Descripción:** Las primeras 3 líneas deben cautivar al usuario antes de que pulse "leer más".

16.4 REGLAS A TOMAR EN CUENTA

⯈ **Google Play:** Las cuentas nuevas requieren obligatoriamente **20 probadores por 14 días** en una prueba cerrada.

⯈ **App Store:** Revisión manual humana. No permitas que la app tenga errores visuales o será rechazada.

⯈ **Seguridad:** Jamás subas tu archivo Keystore o `key.properties` a GitHub.

Diagramas de Proceso de Publicación

1. *Flujo de Publicación en Google Play (Android)*

```
App Finalizada → Crear cuenta ($25 USD) → Verificar Identidad →
Generar Keystore → Configurar Gradle → Build AppBundle → Subir a
Consola → Prueba con 20 personas → Revisión y Publicación.
```

2. *Flujo de Publicación en App Store (iOS)*

```
App Finalizada → Cuenta Developer ($99 USD/año) → Registrar Bundle
ID → Generar Certificado → Xcode Archive → Distribute App → App Store
Connect → Revisión Humana → ¡Publicada!.
```

ⓘ **Nota técnica**

Los tiempos de espera pueden variar entre 2 y 7 días dependiendo de la plataforma. Ambas te notificarán por correo electrónico sobre cualquier cambio de estado.

16.5 CONSEJOS DE ORO PARA EVITAR EL RECHAZO

1. **No botones fantasma:** Si una función no está lista, elimina el botón. No publiques apps "en construcción".

2. **Eliminar Cuenta:** Si permites registrarse, debes ofrecer un botón para borrar la cuenta y los datos del usuario.

3. **Política de Privacidad:** Debes tener un enlace web con tus términos de privacidad.

4. **Cuenta de prueba:** Si tu app tiene login, proporciona un usuario de prueba a los revisores.

5. **Experiencia Nativa:** Evita que tu app parezca una simple página web (Webview). Apple valora la originalidad de la interfaz.

Resumen del Capítulo

En este capítulo has aprendido que publicar es un proceso de precisión. Recuerda que la gestión del **Keystore** es tu responsabilidad más grande en Android y que el pago de **Apple** es recurrente. El cumplimiento de las políticas de privacidad y una buena estrategia de **ASO** definirán si tu app tiene éxito o es rechazada.

Preguntas de Repaso

1. ¿Por qué es obligatorio incluir una opción para eliminar la cuenta dentro de la app?

2. ¿Qué sucede si un revisor no encuentra credenciales para probar tu app?

3. ¿Cuál es el riesgo de usar excesivamente Webviews?

Ejercicios de Cierre

1. **Simulacro de Revisión:** Pídele a un tercero que use tu app y detecte errores de navegación.

2. **Generación de Privacidad:** Crea tu documento de privacidad y prepárate para subirlo.

CONCLUSIÓN

¡Genial! Haz fortalecido tu carrera como desarrollador

Has recorrido un camino increíble. Desde la instalación de Flutter y Android Studio, hasta comprender la estructura de los *Widgets*, gestionar estados complejos y, finalmente, navegar por los procesos de publicación en las tiendas de aplicaciones más importantes del mundo.

Escribir código es mucho más que darle instrucciones a una computadora; es el arte de resolver problemas y crear herramientas que pueden mejorar la vida de las personas. Hoy, ya no eres solo alguien que "sabe de tecnología", eres un creador de soluciones móviles.

Tres consejos para tu futuro:

1. Nunca dejes de aprender: El mundo de la tecnología cambia cada día. Mantente curioso, explora nuevas librerías y sigue la documentación oficial de Flutter.

2. La práctica hace al maestro: Tu primera app no será perfecta, y eso está bien. La clave del éxito en la programación es la persistencia y la capacidad de aprender de los errores (y de los *bugs*).

3. Comparte tu conocimiento: La comunidad de Flutter es una de las más vibrantes y generosas del mundo. No temas compartir lo que has aprendido en foros, blogs o redes sociales.

Este libro termina aquí, pero tu viaje como desarrollador apenas comienza. El código es tu lienzo y las posibilidades son infinitas.

¡Sal ahí fuera y construye algo asombroso!

Haz uso de tu innovación y creatividad para desarrollar grandiosas Apps que resuelvan problemas reales.

¡Adelante!

¿QUE SIGUE DESPUÉS DE ESTUDIAR ESTE LIBRO?

Volver a leer la teoría, practicar ejercicios enfocándose en temas que menos se han entendido.

Estudiar los otros libros de la serie Desarrollo de aplicaciones móviles con Dart, Flutter y Android Studio.

Enfocarte en un solo SDK (Flutter) con su lenguaje (Dart) y su IDE (Android Studio) te volverá un experto para el desarrollo de apps multiplataforma.

Fin

MATERIAL ADICIONAL

El material adicional de este libro puede descargarlo en nuestro portal web: *https://www.ra-ma.es*.

Debe dirigirse a la ficha correspondiente a esta obra, dentro de la ficha encontrará el enlace para poder realizar la descarga.

Cuando descomprima el fichero obtendrá los archivos que complementan al libro para que pueda continuar con su aprendizaje.

INFORMACIÓN ADICIONAL Y GARANTÍA

- ▶ RA-MA EDITORIAL garantiza que estos contenidos han sido sometidos a un riguroso control de calidad.

- ▶ Los archivos están libres de virus, para comprobarlo se han utilizado las últimas versiones de los antivirus líderes en el mercado.

- ▶ RA-MA EDITORIAL no se hace responsable de cualquier pérdida, daño o costes provocados por el uso incorrecto del contenido descargable.

- ▶ Este material es gratuito y se distribuye como contenido complementario al libro que ha adquirido, por lo que queda terminantemente prohibida su venta o distribución.

100 PROYECTOS CON FLUTTER

Accede a un paquete exclusivo con 100 proyectos totalmente ejecutables con Flutter, diseñados para que aprendas desarrollando aplicaciones modernas, funcionales y listas para el mundo profesional por 9,99€ a través de la web del libro.

¿Por qué elegir este paquete?

- Aprende haciendo: cada proyecto está pensado para desarrollar habilidades reales.
- Domina interfaces modernas, integración con APIs, bases de datos, Firebase y autenticación.
- Ahorra cientos de horas de búsqueda con ejemplos estructurados y listos para ejecutar.
- Ideal para estudiantes, desarrolladores que quieren especializarse en desarrollo móvil.
- Tendrá proyectos actualizados hechos con las últimas versiones de Flutter y Android Studio.

Qué encontrarás:

- Aplicaciones completas y funcionales.
- Código organizado siguiendo buenas prácticas.
- Ejemplos progresivos: desde apps básicas hasta desarrollos avanzados.
- Proyectos multiplataforma compatibles con iOS, Android, Windows, macOS y Web.

Adquiere tu paquete en este enlace.